Eclesiologia: Igreja
e perspectivas pastorais

inter
saberes

Cícero Manoel Bezerra

2ª edição

Eclesiologia: Igreja e perspectivas pastorais

Rua Clara Vendramin, 58. Mossunguê
CEP 81200-170. Curitiba. PR. Brasil
Fone: (41) 2106-4170
www.intersaberes.com
editora@intersaberes.com

Conselho editorial
Dr. Alexandre Coutinho Pagliarini
Dr.ª Elena Godoy
Dr. Neri dos Santos
M.ª Maria Lúcia Prado Sabatella

Editora-chefe
Lindsay Azambuja

Gerente editorial
Ariadne Nunes Wenger

Assistente editorial
Daniela Viroli Pereira Pinto

Edição de texto
Monique Francis Fagundes Gonçalves

Capa
Charles L. da Silva (*design*)
oatawa e Alexander Yurkevich/ Shutterstock (imagens)

Projeto gráfico
Charles L. da Silva

Diagramação
Cassiano Darela

Iconografia
Regina Claudia Cruz Prestes

Dados Internacionais de Catalogação na Publicação (CIP)
(Câmara Brasileira do Livro, SP, Brasil)

Bezerra, Cícero Manoel
  Eclesiologia : igreja e perspectivas pastorais / Cícero Manoel Bezerra. -- 2. ed. -- Curitiba, PR : InterSaberes, 2023. -- (Série conhecimentos em teologia)

  Bibliografia.
  ISBN 978-85-227-0791-1

  1. Cristianismo 2. Igreja – Ensino bíblico 3. Teologia pastoral I. Título. II. Série.

23-165246   CDD-262

Índices para catálogo sistemático:
1. Igreja : Eclesiologia : Cristianismo 262
Cibele Maria Dias – Bibliotecária – CRB-8/9427

1ª edição, 2017.
2ª edição, 2023.

Foi feito o depósito legal.

Informamos que é de inteira responsabilidade do autor a emissão de conceitos.

Nenhuma parte desta publicação poderá ser reproduzida por qualquer meio ou forma sem a prévia autorização da Editora InterSaberes.

A violação dos direitos autorais é crime estabelecido na Lei n. 9.610/1998 e punido pelo art. 184 do Código Penal.

sumário

9   *apresentação*

capítulo um
13   **Igreja é a reunião dos filhos de Deus para o culto a Jesus Cristo**
14   1.1 O conceito de *Igreja*
16   1.2 Compromissos necessários para a consolidação da Igreja
18   1.3 A Igreja é formada por seguidores de Jesus
19   1.4 A formação da Igreja independe do lugar e do número de fiéis
20   1.5 A igreja existe tão somente em função de Jesus

capítulo dois
25   **Igreja é uma entidade espiritual que testemunha a respeito de Deus**
27   2.1 A Igreja tem origem divina

28	2.2 A Igreja tem uma natureza divina
29	2.3 A Igreja tem um mistério divino
30	2.4 A Igreja tem uma formação divina
31	2.5 A Igreja faz parte de um projeto divino
32	2.6 As tarefas da Igreja

capítulo três

39	**A Igreja é formada pelo corpo de Cristo**
40	3.1 Nada pode afetar a Igreja universal

capítulo quatro

47	**A Igreja de Cristo exerce ações transformadoras**
49	4.1 A Igreja foi idealizada antes dos tempos eternos
49	4.2 A Igreja foi tipificada no Antigo Testamento
51	4.3 A Igreja teve início no Novo Testamento
51	4.4 A Igreja foi formada por inciativas do próprio Deus

capítulo cinco

57	**A Igreja de Cristo exerce autoridade recebida da parte de Deus**
61	5.1 A Igreja tem direito e responsabilidade espiritual sobre todos os povos
64	5.2 A Igreja recebe todos os seguidores de Jesus
65	5.3 A Igreja deve ter uma vida santa
66	5.4 A Igreja é responsável por zelar pelo bem-estar espiritual de seus membros

capítulo seis

77	**A Igreja de Cristo acontece em uma realidade terrena**
79	6.1 Algumas pessoas são capacitadas por Jesus para liderar a igreja
80	6.2 Deus instituiu pessoas para cuidar da Igreja
81	6.3 Os fiéis devem se submeter aos líderes espirituais

82   6.4 Cabe aos líderes espirituais a tarefa da motivação
     ministerial
83   6.5 Orientações sobre as diversas atividades na Igreja

capítulo sete
87   **A Igreja de Cristo funciona por meio dos dons e do ministério cristão**
89   7.1 Os ministérios dos líderes da Igreja devem motivar
     os fiéis para o serviço cristão
92   7.2 Todos os cristãos têm responsabilidades espirituais
93   7.3 Os cristãos são responsáveis pelos projetos ministeriais
     da Igreja
94   7.4 O conhecimento dos dons

capítulo oito
105 **A Igreja de Cristo é um organismo vivo**
107 8.1 O crescimento deve se evidenciar por meio do batismo
     e da ceia do Senhor
110 8.2 A responsabilidade de promover o crescimento da
     Igreja implica tanto a adição quanto a multiplicação

capítulo nove
117 **O contexto pastoral**
119 9.1 A pastoral do serviço
120 9.2 A pastoral e o pastor
128 9.3 A abrangência do ministério pastoral

135 *considerações finais*
137 *referências*
145 *bibliografia comentada*
147 *respostas*
151 *sobre o autor*

apresentação

Eclesiologia é o ramo da teologia que estuda a formação da Igreja (Σκκλησια – *ekklesia* = igreja). Essa compreensão é fundamental para o exercício da fé cristã e para o desempenho das tarefas pertinentes a todos aqueles que creem em Jesus Cristo.

A Igreja é um mistério da parte de Deus, por esse motivo é um desafio escrever sobre ela. Mesmo assim, existem muitos livros a respeito do assunto que tentam explicar sua ação no mundo e a revelação de Deus.

O caráter desafiador do estudo sobre a Igreja não anula a necessidade de escrever sobre o tema. A Igreja é a forma de Deus ser revelado e conhecido no mundo, de modo que, além das questões teológicas relacionadas a ela, abordaremos, neste livro, aspectos práticos sobre a vida comunitária.

Também nos preocupamos em analisar os dons espirituais, tanto a respeito de suas aplicações para a Igreja quanto em relação à sua importância para os dons pessoais. Deus tem capacitado pessoas para exercer tarefas importantes a fim de que a Igreja possa desenvolver seu papel com eficácia e de maneira excelente.

A Igreja de Cristo tem uma responsabilidade perante a sociedade: ela não é apenas uma entidade mística, ela existe no mundo e deve servi-lo com seus valores e princípios. Costumamos dizer que a Igreja deve ser como um farol para a sociedade, apontando caminhos a serem seguidos – pautados nos princípios e valores do reino de Deus.

Apresentaremos, ainda, questões doutrinárias da Igreja – unidade, serviço, apostolado, comunhão –, bem como questões pertinentes ao fato de a Igreja ser uma das formas de Deus se revelar ao mundo.

Os primeiros oito capítulos estão pautados em argumentos teológicos e, no Capítulo 9, faremos uma análise do contexto pastoral:

1. A Igreja é a reunião dos filhos de Deus para o culto a Jesus Cristo.
2. A Igreja é uma entidade espiritual que testemunha a respeito de Deus.
3. A Igreja é formada pelo corpo de Cristo.
4. A Igreja de Cristo exerce ações transformadoras.
5. A Igreja de Cristo exerce autoridade recebida da parte de Deus.
6. A Igreja de Cristo acontece em uma realidade terrena.
7. A Igreja de Cristo funciona por meio de dons e do ministério cristão.
8. A Igreja de Cristo é um organismo vivo.
9. O contexto pastoral.

Desenvolvemos o trabalho de pesquisa não com a ideia de esgotar os assuntos – outros pontos ainda precisam ser objeto de escrita –, mas esperamos, com esta obra, despertar os leitores para as temáticas abordadas e, quem sabe, para outros aspectos relacionados à Igreja.

Boa leitura e bons estudos!

capítulo um

Igreja é a reunião dos
filhos de Deus para o culto
a Jesus Cristo

01

Neste capítulo, estudaremos as questões conceituais sobre a Igreja. A Igreja é uma entidade sobrenatural e misteriosa da parte de Deus a serviço de seu povo, ou seja, ela é mística e, ao mesmo tempo, real. A Igreja existe em uma dinâmica espiritual, mas acontece no cotidiano da sociedade, sendo formada por pessoas que acreditam em Jesus e que têm a tarefa de compartilhar com outros sobre sua fé. Nesse contexto, é importante estudarmos os aspectos conceituais a respeito da Igreja de Cristo.

1.1 O conceito de *Igreja*

A origem do vocábulo *igreja* é a palavra grega *ekklesia* (*ek* = de dentro de + *klesia* = chamados), que ganhou o sentido de **chamados para fora**. Tal sentido nos dá a ideia de que a Igreja exerce suas funções em outra dinâmica da sociedade: não se mistura, salga, apresenta o caminho a ser seguido. Uma figura ilustrativa a respeito das funções da Igreja perante a sociedade é a de um **farol**, cuja função é lançar luz, indicar a direção. Essa função deve ser exercida sem que ela se contamine: a Igreja deve ser o sal da terra e a luz do mundo.

As cidades nos tempos bíblicos tinham uma vida autônoma, sendo governadas por um rei seu e cercadas por muros. Quando havia assunto de interesse geral da cidade – negócios, guerras, moral etc. –, convocavam-se à porta da cidade (Rute, 4: 1[1]) os responsáveis por ela e, assim, eles decidiam o que seria feito. Era uma reunião, uma **assembleia** para tratar de decisões e negócios.

O conceito de *Igreja* relaciona-se à ideia de assembleia ou comunidade dos iguais, daqueles que têm a mesma fé, a mesma identificação e decidem sobre a vida comum do grupo. Considerando a definição de *assembleia*, podemos dizer que Jesus reúne aqueles que decidiram submeterem-se a Ele a fim de que cumpram Seu propósito: influenciar outras pessoas no mundo, sem, no entanto, ser influenciado pelo mundo. A Igreja, na condição de entidade **espiritual** e de corpo de Cristo, não pode ser vencida pelo mundo (Mateus 16: 18; Efésios. 1: 23). Assim, ela deve ser entendida como um exemplo, como algo em que a sociedade deve se espelhar.

Em linhas gerais, podemos definir *Igreja* como a reunião dos filhos de Deus para o culto a Jesus Cristo.

---

1   Todas as passagens bíblicas indicadas neste capítulo são citações de Bíblia (2002).

Para entendermos corretamente o conceito de igreja, é útil definir também o que não é *igreja*:

- **A igreja não é prédio ou templo**: embora sua estrutura física cumpra as funções de abrigar as reuniões da comunidade e servir como espaço litúrgico e de culto, além de ser o símbolo da presença do divino nas sociedades, ela não pode ser confundida com a morada de Deus.

- **A igreja não é instituição**: as instituições prestam-se ao entendimento de causas humanas e direcionam-se ao cumprimento de determinadas finalidades, razão por que estão fadadas ao desaparecimento quando a finalidade a que se destinam deixar de importar. Uma igreja presta-se a atender à causa divina e tem a função de transformar o mundo, portanto, não está fadada ao desaparecimento. Assim, não se pode sacralizar as instituições, nem colocá-las à frente da igreja.

- **Um indivíduo não é uma igreja**: quando se apresenta ou se analisa o conceito de *igreja*, devemos pensar em uma ação comunitária. Jesus deixou este ensinamento: "Pois onde dois ou três estiverem reunidos em meu nome, ali estou no meio deles" (Mateus 18: 20). A igreja não se desenvolve alicerçada em uma única pessoa, é necessário um grupo de pessoas, ela existe apoiada em uma comunidade.

1.2 Compromissos necessários para a consolidação da Igreja

Para que uma igreja se consolide, ela deve observar três compromissos: um coletivo com a pessoa de Cristo, um de comunhão com o Corpo de Cristo e um coletivo com o conjunto de ordens de Cristo.

A Igreja é um corpo que tem Jesus como cabeça. É um grupo de pessoas que se colocam sob o senhorio de Cristo (Efésios 4: 15-16; 5: 23) e que professam a mesma fé. No contexto do Novo Testamento, o conceito de *fé* estava carregado de uma ideia de pacto: para que alguém demonstrasse sua fé em Jesus, precisava assumir perante a comunidade seus compromissos com as orientações Dele. Sem Jesus não há Igreja, sem Jesus não existe fé, é com Jesus que demonstramos nossas crenças e nossos compromissos.

Uma igreja constitui-se em um grupo de pessoas que dependem umas das outras: cada um é guardador de seu irmão. Ninguém vai a uma igreja para dar algo apenas a Jesus, mas vai também para dar aos outros (I Coríntios, 12: 27). Essa é a noção de *koinonia*[2], de comunhão responsável. A fé não é restrita a determinados indivíduos, a fé é comunitária: todos devem viver a fé única em Jesus. Na convivência e na partilha, a Igreja acontece, e as práticas cristãs vão sendo difundidas para a comunidade ao redor.

Existem algumas orientações básicas e doutrinárias acerca dos ensinamentos de Jesus: o batismo, por meio do qual se declara publicamente a crença em Jesus; a evangelização – "E disse-lhes: 'Ide por todo o mundo e pregai o evangelho para toda criatura'" (Marcos, 16: 15) –; a ordem de compartilhar a fé; e o cuidado uns dos outros, mesmo dos inimigos – "Antes, se o teu inimigo tiver fome, dá-lhe de comer, se tiver sede, dá-lhe o de beber. Agindo desta forma estarás acumulando brasa sobre a cabeça dele" (Romanos, 12: 20). Pelo exercício da fé cristã, esses compromissos serão consolidados.

---

2 A palavra *koinonia* é de origem grega e significa comunhão. Muito comum entre os cristãos, é utilizada no sentido de companheirismo, participação, compartilhamento e contribuição com o próximo e com Deus.

1.3 A Igreja é formada por seguidores de Jesus

A Igreja é uma convocação só para aqueles que acreditam. **Não há na Igreja lugar para aqueles que não acreditam** (II Coríntios, 6: 14-18). Não há lugar na Igreja para quem não se submete a Deus. Há o perigo de aquele que não tem fé se sentir bem em uma igreja e até sair dela aliviado. Quando há santidade na Igreja, o pecado é naturalmente expelido, mas quando a santidade é ineficiente, o pecado se mantém. Portanto, se o incrédulo sente-se bem em uma igreja, é preciso rever os valores dessa comunidade (I João, 3: 8-10).

O ambiente cristão deve ser acolhedor e, ao mesmo tempo, trazer à tona o assunto da consagração, de modo que os não dedicados com seriedade ao Senhor se perceberão fora de seu ambiente e se sentirão incomodados com a situação. Por outro lado, temos o Espírito Santo que convence o ser humano do pecado, da justiça e do juízo. O ambiente de adoração deve ser um local que inspira a santidade e que enseje inquietação em relação à prática do pecado.

A Igreja tem um compromisso com a evangelização, pois, para que as pessoas conheçam a Deus, precisam de um referencial, a Igreja deve cumprir seu papel de ser uma testemunha de Deus na Terra. Reiteramos que a Igreja não é prédio: a Igreja é formada por pessoas as quais, por sua vez, devem exercer seu testemunho perante a comunidade. As pessoas não enxergam Deus, Deus é Espírito que será revelado e conhecido de acordo com o testemunho daqueles que creem. Ressaltamos que esse testemunho deve ser bom, autêntico e genuíno.

A Igreja é uma reunião comunitária. Na essência, todos os que moravam na cidade eram convocados a participar dos assuntos relacionados à vida da cidade. De certa feita, os assuntos do dia a dia precisavam da participação de todos. Para que a Igreja exista em sua essência, suas portas devem ser abertas para todos que tiverem interesse em participar de seus assuntos. Não deve haver discriminação nem constrangimento, todos devem sentir-se aceitos e bem-vindos para participar dos assuntos que lhe dizem respeito. Por seu turno, uma vez os assuntos tratados e as decisões tomadas, há a exigência de compromissos e ações relacionados a essas questões na comunidade. Assim deve ser o cotidiano de uma igreja: todos participam e todos exercem suas responsabilidades.

1.4 A formação da Igreja independe do lugar e do número de fiéis

O evangelho de Mateus 18: 20 afirma: "Pois onde dois ou três estiverem reunidos em meu nome, ali estou no meio deles". Vamos analisar alguns elementos desse trecho para elucidar seu significado:

- **Onde**: pode ser qualquer lugar, contanto que seja um lugar definido, visível.
- **Dois ou três**: denota qualquer número de pessoas, mas exige um compromisso mútuo.
- **Jesus**: devem estar reunidos em função de Jesus.

Como não depende de um espaço físico, em qualquer lugar e com qualquer número de pessoas, pode a Igreja se constituir. Diante disso, algumas questões devem ser levadas em conta:

- Jesus deve ser o centro das decisões de culto e das ações doutrinárias; não existe Igreja sem os assuntos estarem relacionados a Ele.
- Toda ação deve resultar na glória de Deus, não pode acontecer outra ação na Igreja que tire o foco da glória de Deus. O Senhor Deus precisa ser exaltado e glorificado a todo tempo: assim acontece a Igreja.
- As pessoas que fazem parte da Igreja estão identificadas pela marca da fé, uma fé construída com base em um pacto com Jesus e sua mensagem.

1.5 A Igreja existe tão somente em função de Jesus

A Igreja constitui-se para tratar das coisas do Senhor e volta para o mundo para evangelizar. Caso surjam problemas, volta para o Senhor, fortalece-se e volta para o mundo. Alguns elementos fundamentais da Igreja são:

- **Adoração**: a reunião de pessoas acontece para adorar seu Senhor, prostrar-se diante d'Ele.
- **Confissão**: se alguém sair para ministrar no mundo e fracassar, deve voltar e suplicar o perdão do Senhor. O acúmulo de pecados tira o poder da Igreja e a ceia é própria para a confissão (I João, 1: 7).
- **Direção**: Jesus é o cabeça e tem de dirigir as pessoas. Deus preocupa-se com a Igreja e quer dirigi-la.
- **Instrução**: além de mostrar o caminho, a Igreja diz como proceder. Por meio de uma rotina doutrinária, as ações da Igreja a consolidam em sua essência.

Para acontecer a dinâmica misteriosa da Igreja, as práticas doutrinárias e as virtudes cristãs precisam ser uma constante na vida dos seguidores de Jesus. Cada uma dessas virtudes praticadas com autenticidade consolida a existência da Igreja. Todas as práticas cotidianas existem e devem ser praticadas em função de Jesus.

Observações práticas

- A igreja local reflete a comunhão e a dedicação do povo de Deus: somos responsáveis pelo testemunho apresentado para a sociedade.
- O culto é a forma de proclamar a existência da Igreja e deve ser de adoração ao Deus Todo Poderoso. Por meio do culto, o povo de Deus declara também sua fé no Criador.
- Igreja é um ambiente que promove a salvação. Por intermédio da mensagem proclamada e do confronto do pecado, cabe ao ser humano render-se ao Salvador Jesus Cristo.

Síntese

Neste capítulo, tratamos do conceito de *Igreja* e de suas implicações, tanto no que diz respeito à sua existência quanto no que se refere a seu papel para o cristão e à sua representação de Deus na Terra.

A Igreja existe por Deus e para Deus, e nela Jesus é glorificado. No ambiente litúrgico, acontece o processo de adoração e proclamação de Deus e todas as suas implicações.

Analisamos também o conceito de *Igreja* de forma ampla, entendendo que, em sua essência, ela é espiritual, não é uma instituição, não um é prédio e não depende de uma única pessoa. A consolidação da Igreja passa pelo conceito de *comunidade*: somos muitos e, ao mesmo tempo, um só corpo, com suas mais diversas expressões. Os compromissos dos fiéis consolidam os diferentes aspectos da fé cristã: compromissos com Deus, com seus valores e princípios e de compartilhar com outros a respeito da salvação. Por fim, afirmamos que a Igreja existe para Jesus: em seu ambiente e por meio das pessoas que nele estão, o culto acontece e Deus é exaltado.

Atividades de autoavaliação

1. Qual o significado do vocábulo *igreja*?
   a) Chamados para fora.
   b) Servos de Cristo.
   c) Seguidores de Jesus.
   d) Membros do corpo.
   e) Fiéis em Cristo.

2. O conceito de *Igreja*, que está vinculado à ideia de assembleia ou de comunidade dos iguais, relaciona-se a(os):
   a) que têm o mesmo pensamento.
   b) todos que são seguidores de Jesus e caminham na mesma direção.
   c) que têm a mesma fé e a mesma identificação e decidem sobre a vida comum do grupo.
   d) que professam a fé e o culto.
   e) que têm a mesma identificação.

3. Como deve ser o ambiente de uma igreja?
   a) Deve ser acolhedor e trazer à tona o assunto da consagração.
   b) Deve ser acolhedor e hospitaleiro, sem responsabilidades.
   c) Deve trazer à tona a mensagem da instituição.
   d) Deve ser propício somente a amizades.
   e) Deve adaptar-se à cultura do indivíduo.

4. Em relação à *assembleia*, que pessoas poderiam dela participar?
   a) A assembleia constituía-se apenas por convocados que cumprissem os requisitos.
   b) A assembleia era formada por aqueles que estivessem dispostos a participar.
   c) A assembleia não levava em conta o indivíduo.
   d) A assembleia era destinada a pessoas com identificação institucional.
   e) A assembleia era destinada aos que professavam os valores políticos.

5. Qual deve ser o papel de Jesus no ambiente do culto?
   a) Jesus deve ser mais um participante.
   b) Jesus deve ser o centro das decisões de culto e de ações doutrinárias.
   c) As ações da Igreja devem defender apenas valores humanos.
   d) Para cada culto deve haver uma ação espontânea e diferente.
   e) A liturgia, de certa forma, não deve estar presa a valores.

Atividades de aprendizagem

Questões para reflexão

1. Como entender a Igreja em sua essência?
2. Como a participação individual do cristão na Igreja é fundamental para a sociedade?

Atividades aplicadas: prática

1. Participe de um programa em sua igreja e procure identificar os aspectos colocados: adoração, comunhão e vivência comunitária. Compartilhe sua análise com seu grupo de convivência.

2. Verifique como se aplicam os conceitos desenvolvidos ao cotidiano das pessoas de uma igreja. Compartilhe suas conclusões com seu grupo de convivência.

3. Participe de um culto, faça observações sobre liturgia, sermão, vida comunitária e outros conceitos. Em seguida, procure identificar os princípios apresentados neste capítulo.

capítulo dois

Igreja é uma entidade
espiritual que testemunha
a respeito de Deus

02

A Igreja é uma entidade espiritual e consequentemente está diretamente ligada a Deus. É a forma como Deus se comunica com seu povo. É o sacerdócio do mundo (intercessão). A Igreja é o Corpo visível de Cristo no mundo. O grupo de pessoas que formam a igreja local deve refletir o próprio Deus. As pessoas não enxergam Deus, cabe aos seguidores do Senhor o representarem da melhor maneira, o que implica testemunho, exemplo, consagração e dedicação. A Igreja é a forma de Deus revelar-se ao mundo. Deus comunica-se por meio do cuidado do pobre, do órfão e da viúva e do estrangeiro. A verdadeira religião acontece no ambiente de uma igreja, sendo assim, Deus revela-se por meio de seu povo.

2.1 A Igreja tem origem divina

O meio que Jesus tem para ser reconhecido em todo o mundo é a Igreja, Ele é cultuado, adorado e revelado ao mundo na Igreja. De maneira sobrenatural, todo o mistério de Deus revela-se ao mundo por meio da Igreja, que existe por causa de Jesus e para Jesus. Jesus é o fundador da Igreja: "edificarei a minha Igreja" (Mateus, 16: 18[1]).

A fim de auxiliar na compreensão dessa passagem, explicaremos os elementos que a compõem:

- **Eu [edificarei]**: a base da Igreja é a pessoa de Cristo. Para Cristo, por Cristo e constantemente promovendo a fé em Cristo. Dessa forma, a Igreja sobrevive aos tempos: em Cristo sua existência consolida-se e a proclamação da fé ultrapassa os limites das épocas e seus desafios. A Igreja existe para Cristo e por Ele é fundamentada.
- **Edificarei**: de pedra, alicerce, pedra de convocação – "e sobre esta pedra edificarei a minha Igreja" (Mateus, 16: 18). Quando se fala da pedra, relaciona-se à fé na qual a Igreja é fundamentada: quando a Igreja existe alicerçada na palavra de Deus, ela se consolida e prevalece com o tempo. Se é Jesus quem a edifica, essa ação é sobrenatural e misteriosa; a Igreja é de Cristo e para Cristo. Todos que fazem parte da Igreja devem ter essa consciência do poder sobrenatural que mantém sua existência, um poder que emana diretamente da pessoa de Jesus é o que edifica a Igreja.
- **A**: única. A Igreja é única no sentido de sua existência e de suas finalidades, ela existe para Jesus, o único Deus e Senhor, Jesus

---

1   Todas as passagens bíblicas indicadas neste capítulo são citações de Bíblia (2002).

não divide sua glória. Os seguidores de Jesus são monoteístas, não adoram outros deuses, cultuam um só Deus, Jesus Cristo o Senhor. Não existe outra entidade ou instituição que proclame adoração a Deus.

- **Minha**: d'Ele (Jesus). A Igreja existe para Jesus, pertence a Ele. A Igreja pertence a Jesus, não a pessoas ou instituições. Não há, com isso, oposição a todas as instituições humanas, mas estas devem se colocar em seu devido lugar: não se troca a glória de Deus por exaltação humana. A Igreja é de Jesus, não de determinadas pessoas, ela existe para Jesus, não para proclamar a glória humana. Se alguém deve ser exaltado por meio da Igreja, este deve ser Jesus, qualquer ação contrária a isso é fraudulenta e não reconhecida por Jesus.
- **Igreja**: convocação. A Igreja surgiu de uma iniciativa divina, não de homens. Deus quer ser reconhecido em toda a Terra e deseja ser adorado e glorificado em todas as suas ações. Em razão de seu objetivo de ser adorado – porque sua Pessoa, Santa, Justa e Boa, é digna de toda adoração –, não existe outro Deus que mereça tal culto e adoração. Com base nesse entendimento, podemos entender as funções da Igreja: proclamar a glória de Deus para todos e exaltar o senhorio de Jesus em toda a Terra.

2.2 A Igreja tem natureza divina

A Igreja é coparticipante da própria natureza de Deus. É a própria Pessoa de Deus comunicando-se ao mundo. Pode ser tomada de toda plenitude de Deus.

A Igreja é o reflexo de Deus no mundo. De maneira sobrenatural, Deus está presente na Igreja, constituindo-na em um ambiente de glória que não pode ser maculado. Esta deve ser a responsabilidade dos adoradores e dos que creem em Deus: manter o ambiente santo, não deixando o pecado macular o local de adoração. Como se faz isso? É preciso manter uma vida de santidade e adoração a Deus, sem deixar nada que impeça a ação do Senhor no ambiente em que a Igreja está inserida. A santidade é a alternativa de Deus para se fazer presente entre Seu povo.

2.3 A Igreja tem um mistério divino

A Igreja é o instrumento utilizado por Deus. Às vezes pensamos que Deus está ausente. Não está! Deus está presente na Igreja. Ela representa Deus e atua como Suas mãos a favor de Seu povo. De certa forma, podemos afirmar que a Igreja se consolida por meio do serviço, pois é o ambiente propício para os milagres de Deus. Nesse ambiente e nessa dinâmica sobrenatural, o impossível acontece.

A Igreja é testemunha da sabedoria de Deus **agora**, diante dos principados e das potestades. Para que todos possam reconhecer as ações de Deus, tanto no ambiente cotidiano quanto no ambiente sobrenatural, os principados e as potestades precisam identificar as ações divinas.

A Igreja é o testemunho de que Deus é verdade. A verdade das ações de Deus no meio de seu povo demostram-se por meio da cura, do suprimento de uma necessidade, do consolo de uma pessoa diante de uma perda, de um milagre que não se esperava. Assim, a verdade e os princípios de Deus são manifestados diante de seu povo.

A Igreja deve assumir esse papel conscientemente, deve ser guerreira. Ela é o braço direito de Deus na luta contra as injustiças e maldades praticadas no mundo.

2.4 A Igreja tem formação divina

A Igreja é a plenitude da divindade de Jesus. Jesus é contemplado por meio da Igreja, e ela se completa com Jesus. Um milagre existencial acontece: Jesus, em sua essência, revela-se por meio da Igreja. Esse conceito é fundamental. Às vezes pensamos que a Igreja vai acabar, não vai, ela é divina. Jesus existe, e a Igreja existe porque é a forma de Ele ser revelado e adorado.

A Igreja é a contemplação da glória que Deus quis dar a Seu Filho. Deus, para ser o cabeça de todas as coisas, deu a Igreja a seu Filho Jesus. É um projeto sobrenatural: Deus está presente em todos os lugares, e a Igreja está presente em todos os lugares da Terra. Um dos atributos da Igreja é sua universalidade – ela tem uma proposta para todos os que creem em todos os lugares da Terra. Com essa ação abrangente, Deus almeja que seu povo o adore e o contemple na grandeza de sua majestade.

A Igreja é a recompensa de Seu sacrifício (Isaías, 53: 11): é o presente de Deus. A Igreja é a coroa e o galardão de Jesus. De forma mística e sobrenatural, ela representa as ações de Deus no mundo. Tendo em vista que a obra de Cristo é fundamentada na fé, a Igreja evidencia-se em um espaço misterioso da crença cristã. Ela existe em função de Cristo e para Cristo, toda a obra sacrificial de Cristo na cruz é consumada na existência da Igreja.

A Igreja é a forma de Deus submeter todas as coisas a Cristo. Jesus é o Senhor da Igreja, ela está em todos os lugares e, dessa forma, Jesus consolida seu senhorio e orienta seu povo. A palavra de Deus apresenta e conceitua a Igreja, assim, os fiéis compreendem como deve ser o agir da Igreja e cumprem as ordens de seu Senhor. Como a Igreja é submissa a Cristo, o plano de Deus de ser o cabeça sobre todas as coisas consolida-se.

2.5 A Igreja faz parte de um projeto divino

Há uma identificação entre a Igreja e a Nova Jerusalém. Com base em uma análise escatológica, a Igreja será consumada na consolidação da Nova Jerusalém: o momento de conclusão de todo o plano de Deus. Na Jerusalém celestial, Deus reinará: sua glória pairará sobre toda a cidade. Jesus exercerá seu senhorio com toda a plenitude, não existirá nada que possa interferir nesse reinado eterno e sobrenatural. Quando Deus planejou a Igreja, estava antevendo a consolidação de seu reino eterno.

2.6 As tarefas da Igreja

2.6.1 A Igreja proclama a unidade de Deus

É impossível que Igreja universal[2] atue no mundo; assim, a igreja local é o instrumento que Deus está usando para efetuar sua obra.

---

2 *Igreja universal* é um conceito que apresenta a Igreja de Jesus de forma ampla, uma Igreja que ultrapassa os limites das instituições humanas. Para melhor entender, quando nos referimos à *Igreja universal*, estamos nos reportando a todas as igrejas do mundo em uma amplitude sobrenatural.

Não podemos contribuir com a Igreja universal sem passar pela igreja local. Os mandamentos de Jesus são todos mandamentos visíveis. As pessoas não enxergam a Igreja universal (sobrenatural), mas enxergam a igreja local. É preciso esclarecer que uma igreja é composta por fiéis, e estes têm a responsabilidade de testemunhar e refletir Deus no mundo.

Em João 17: 18-26, a oração de Jesus é para que os membros da igreja local sejam **um** no Senhor. A unidade reflete a existência de Deus, e isso deve ser um valor difundido e praticado. Na essência da unidade, Jesus exerce seu senhorio e proclama seu reino eterno. As pessoas não sabem que existe a Igreja universal, elas conhecem apenas a igreja local, pois esta é visível e tem a responsabilidade de testemunhar sobre Jesus de forma ética e responsável perante a sociedade.

Os mandamentos de Jesus no Novo Testamento não podem ser cumpridos por uma igreja institucionalizada, mas pelo fiel que coopera. Embora na igreja local, de certa forma, a institucionalização exista em termos organizacionais e de ação perante a sociedade organizada, em essência, o que evidencia sua existência é o aspecto sobrenatural e o mistério de sua realidade.

2.6.2 A Igreja deve apresentar para a sociedade um Deus atuante

A Igreja move-se pela orientação do Senhor

Na pessoa de Deus está toda a capacidade de ordem e de controle, todo o direito de orientação e de suprimento. Não existe no universo outro ser (agente moral) que tenha todos os atributos de Deus. Deus é onipotente, onipresente, onisciente – esses são atributos inerentes à sua pessoa. Fundado em sua essência e por meio de seus atributos, Deus orienta e dá vida à Igreja.

A Igreja deve refletir um Deus que trabalha. Se tirássemos Deus de todas as atividades da Igreja, mudaria alguma coisa? Ou não mudaria nada? Todo programa deveria ser uma revelação de Deus (coral, pregação etc.). Tudo deve acontecer em torno de Deus e para Deus. A glorificação e adoração a Deus são essenciais para que a Igreja exista de acordo com a orientações do Senhor. Se a Igreja é de Deus, seu funcionamento deve ser obra d'Ele. Na Igreja, há práticas sobrenaturais que a sociedade não consegue explicar.

A Igreja pratica o cuidado mútuo

Cuidar é ajudar uns aos outros, promover o bem do outro, atender às necessidades, providenciar ajuda, estar junto em momentos alegres e tristes da vida. É também incentivar o crescimento profissional e emocional do outro. Essa tarefa é parte essencial da existência da Igreja e deve ser praticada por todos que dela fazem parte.

O cuidado implica a responsabilidade de ajudar ao necessitado. Se houve transgressão moral, deve-se levar em conta o perdão que purifica de todo pecado. Se houve erro em decisões típicas da vida, deve-se dar apoio e motivação para encontrar as alternativas adequadas para solução. A comunidade cristã é um local de motivação e amparo para aqueles que precisam. Nesse espaço, deve-se praticar a motivação e o incentivo entre os fiéis.

2.6.3 A Igreja deve demonstrar para a sociedade um Deus amoroso

A maior lição do texto de Efésios 5: 22-32 relaciona-se a Cristo e à Igreja. Jesus deu tudo e fez tudo por Sua Igreja. O Senhor suporta o próprio desleixo da Igreja, mas a ama apesar disso. O mundo não sabe que Deus o ama. O mundo tem de verificar o amor de Deus por meio da Igreja. Nós somos testemunhas, reflexo e espelho do amor de Deus.

O amor de Deus é revelado mediante ações amorosas a favor do povo. Quando o amor é exercido, Deus está se apresentando com amor e cuidado. O amor é exercido por meio de escolhas desinteressadas a favor do próximo.

2.6.4 A Igreja reflete um Deus participativo

A Igreja está sendo edificada, construída para habitação de Deus. Ela deve conter a glória do Senhor.

A Igreja reunida deve ser a habitação do Senhor e a base para que Ele desenvolva seus projetos. A Igreja reunida mostra a glória do Senhor para manifestar ao mundo que Ele habita entre nós. Ela deve ser um Corpo visível em uma localidade. O mundo não pode ver Deus, Jesus é quem O revelou. E nós somos o Corpo de Cristo, por isso o mundo deve ver Deus por meio da Igreja.

Síntese

A sociedade não enxerga Deus: Ele precisa ser apresentado para a comunidade. A sociedade identifica as várias denominações religiosas, ou seja, as diversas religiões com propósitos diferentes.

Ela não consegue perceber a unidade do povo de Cristo. Diante disso, cabem as perguntas: Qual a deve ser a minha parte? Qual é a minha atuação em minha igreja para promover essa unidade? Se a Igreja viver em união, o testemunho da salvação será proclamado.

A forma pela qual fomos conquistados por Deus será a maneira de conquistarmos. "Deus amou tanto o mundo que entregou seu Filho único" (João, 3: 16). A única maneira de alcançar a unidade é dando-se pelo indivíduo; não ficando estáticos em nosso trabalho, dando ao mundo a impressão, a ideia, de que Deus também é assim. Na verdade, muitas vezes temos deixado de espelhar para ofuscar.

Atividades de autoavaliação

1. A Igreja é:
    a) o corpo vivo de Cristo.
    b) uma entidade espiritual.
    c) uma representatividade da sociedade.
    d) uma reunião de fiéis.
    e) um local de celebração.

2. No cotidiano da Igreja, como Deus se revela?
    a) Por meio do cuidado do pobre, do órfão, da viúva e do estrangeiro.
    b) Por meio das normas.
    c) Por meio da liturgia.
    d) Por meio da celebração.
    e) Por meio da instituição.

3. Como surgiu a Igreja?
   a) Por iniciativa humana.
   b) É resultado das instituições.
   c) De uma iniciativa divina, e não de homens.
   d) É resultado do Império Romano.
   e) Por meio de um plano religioso.

4. Como explicar o mistério entre Jesus e a Igreja?
   a) Jesus se completa por meio da Igreja, e a Igreja se completa por meio de Jesus.
   b) Jesus é o proclamador da Igreja.
   c) Jesus recebeu a Igreja de seus discípulos.
   d) A Igreja tem sua identidade com base no legado dos apóstolos.
   e) A Igreja é autônoma em sua essência.

5. Como explicar o cuidado?
   a) Cuidar implica responsabilidade de ajudar o necessitado.
   b) Cuidar é ir atrás.
   c) Cuidar tem implicações religiosas.
   d) Cuidar faz parte da instituição.
   e) Cuidar é agir a favor de si mesmo.

Atividades de aprendizagem

Questões para reflexão

1. Sendo a Igreja de origem divina, quais são os aspectos sobrenaturais que você identifica nela?

2. O meio para que Jesus seja o cabeça de todas as coisas é a Igreja. Como essa realidade se aplica?

Atividade aplicada: prática

Visite uma igreja e procure identificar os aspectos apresentados neste capítulo. Dessa forma, você entenderá, na prática, os princípios sobre a formação da Igreja.

capítulo três

A Igreja é formada pelo Corpo de Cristo

03

A Igreja tem, em sua essência, a base da unidade. No projeto de Deus para a Igreja, não se leva em conta a divisão. Em sua concepção genuína, ela é indivisível: é uma só Igreja, um só corpo, uma só fé e um só batismo.

Neste capítulo, analisaremos aspectos que devem ser observados para que sua unidade se consolide.

3.1 Nada pode afetar a Igreja universal

A Igreja, em sua essência, não possibilita a divisão e a fragmentação do Corpo de Cristo. De forma mística e sobrenatural, a Igreja revela o Corpo de Cristo em determinada localidade: Deus se revela por meio da Igreja, e essa revelação genuína deve ser expressa por intermédio da unidade de seus membros.

A Igreja existe em uma dinâmica sobrenatural (I Coríntios, 12: 12-13; Romanos, 6: 3-5[1]). Jesus disse que a Igreja é a expressão da graça de Deus para os seres humanos. Quando os cristãos se reúnem em torno da palavra de Deus e para adorar a Deus, deve existir a Igreja, e esta, de maneira sobrenatural, deve revelar a graça de Cristo para o mundo.

A divisão e as contendas têm sido marcas da Igreja contemporânea. Podemos afirmar que a divisão é um câncer que afeta a Igreja de Cristo. Entretanto, a unidade, os objetivos únicos e específicos devem ser claros e autênticos na Igreja de Jesus. A postura crítica deve ser afastada. Os cristãos devem ter disposição para ajudar e servir à sociedade.

No ambiente de uma igreja, não devem acontecer disputas e competições. Uma igreja é de Jesus e todas as práticas devem ocorrer para que Ele seja exaltado e conhecido na Terra.

Em algumas situações, faz-se necessária a disciplina, e toda disciplina da Igreja é temporal, porque visa ajudar as pessoas, e não perdê-las. Nesse caso, não acontece a divisão. Ressaltamos que a disciplina bíblica visa restaurar a pessoa, dar a ela uma nova oportunidade e ajudá-la em situações específicas.

Admitem-se divisões para a realização de obras diferentes:

- **Serviço de caráter diferente** (Atos, 6: 4): escolheram alguns que iam servir as mesas e outros que iriam se dedicar à oração. Às vezes, Deus orienta determinadas pessoas para uma tarefa específica do corpo, para algumas ações ou atividades

---
1   Todas as passagens bíblicas indicadas neste capítulo são citações de Bíblia (2002).

com objetivos distintos, principalmente voltados para ajudar as pessoas.

- **Serviço com objetivos diferentes** (Gálatas, 2: 7-8): o Senhor separou Pedro para os judeus e Paulo e Barnabé para os gentios. Deus tem ministérios específicos para determinadas pessoas em situações e circunstâncias diferentes. Em algumas situações, as pessoas precisarão separar-se para que o ministério possa ser desenvolvido com objetividade.
- **Serviço em dons diferentes** (Romanos, 12: 4-8; I Pedro, 4: 10): Deus dá capacidades diferentes para as pessoas. Algumas pessoas precisarão de outra atividade para que seus dons possam ser desempenhados da melhor maneira possível; há, por exemplo, pessoas que trabalham em hospitais, presídios, ONGs, asilos e outros projetos similares. Situações como essas não se caracterizam como divisão.
- **Serviço de opiniões (critérios) diferentes** (Atos, 15: 36-41): esse rompimento não foi maléfico. Eles tinham opiniões diferentes, mas não ficaram um contra o outro. Em determinadas situações, os projetos não têm uma configuração suficiente para ser desenvolvidos de maneira simultânea, algumas pessoas precisam abrir mão de algumas tarefas, novos planos devem ser desenvolvidos e atividades específicas tem de ser planejadas.
- **Procedimentos diferentes** (Gálatas, 2: 9-14): Pedro teve uma atitude reprovada por Paulo. Às vezes, a política de trabalho não se adéqua a determinados projetos, algumas pessoas precisam tomar uma posição diferente. Em situações específicas, novas posturas indicam novos trabalhos e novas atividades.

Conclusões práticas

Será que existe alguma justificava plausível para a saída ou retirada de uma pessoa ou de um grupo de alguma igreja? Diante dessa pergunta, deve-se sempre levar em conta a comunhão e a unidade, que são valores inegociáveis.

O serviço na Igreja deve ser consolidado sem ferir as pessoas e as convicções alheias. Se na comunidade há atitudes que causam problemas, o correto é ajudar no que for possível para sanar as dificuldades, sem deixar feridas nas pessoas que possam estar envolvidas nesses problemas.

As instituições religiosas devem levar em conta sua finalidade: organizar o povo, preservar a fé, zelar pela palavra de Deus e promover atividades que glorifiquem ao Senhor.

Síntese

A Igreja como corpo de Cristo não se separa, não se divide e não deixa de existir, apesar do tempo e do modo como sua existência é revelada à sociedade.

Nada pode afetar na essência o Corpo de Cristo, ações humanas ou institucionais não podem atrapalhar a realidade da Igreja de Cristo.

Em algumas situações, diante de dons e alternativas diferentes de ministério, é possível justificar a separação de pessoas da Igreja de Cristo para diferentes ministérios e dons específicos.

Só é possível justificar a saída ou retirada de uma pessoa da Igreja mediante orientação da parte de Deus para o desempenho de ministérios específicos.

Atividades de autoavaliação

1. A Igreja como corpo é indivisível. Como explicar essa realidade?
   a) Não existe a possibilidade da dissolução.
   b) É mantida por pessoas.
   c) Tem sua base de existência nas instituições.
   d) Sua essência é sobrenatural à capacidade humana.

2. Qual deve ser o relacionamento do fiel com seu mestre?
   a) Deve ser de forma que a fé e a obediência sejam uma realidade.
   b) O mestre espera do fiel a realidade da Igreja.
   c) A Igreja apresenta para o fiel amor e dedicação a si mesmo.
   d) Com a Igreja, o fiel e Jesus se relacionam por si mesmos.

3. Como explicar serviços e dons diferentes?
   a) Deus tem concedido dons aos homens para exercerem atividades específicas.
   b) Os dons para o serviço servem para fins institucionais.
   c) Para os ministérios, as atividades são únicas.
   d) Os ministérios dependem apenas das pessoas.

4. De que forma são admitidas divisões em uma igreja?
   a) Admitem-se divisões em igrejas para a realização de obras diferentes.
   b) As divisões são possíveis quando há dinheiro em questão.
   c) As divisões pressupõem harmonia.
   d) Para cada divisão, deve haver uma igreja nova.

5. Como Paulo reagiu perante a atitude de Pedro?
   a) Pedro teve uma atitude reprovada por Paulo.
   b) Paulo foi indiferente.
   c) Paulo aprovou a atitude de Pedro.
   d) Paulo orientou Pedro a continuar agindo da mesma forma.

Atividade de aprendizagem

Questões para reflexão

1. Quais são as justificativas para ocorrer uma separação ministerial em uma igreja?
2. A Igreja como entidade espiritual revela Jesus em determinada localidade. Como acontece esse fato?

Atividade aplicada: prática

Procure identificar quantas igrejas existem no bairro onde você mora. Procure perceber e anotar quais são os sinais de que essas igrejas refletem o testemunho de Cristo para a comunidade.

capítulo quatro

A Igreja de Cristo exerce ações transformadoras

04

A Igreja é o ápice do plano de Deus, é seu auge. Ela é o propósito mais elevado de Deus; é o meio pelo qual Deus fará convergir em Cristo todas as coisas. Portanto, a Igreja é o ideal no plano de Deus (Efésios 1: 22; 9: 10[1]). Para ser o cabeça sobre todas as coisas, Deus estabeleceu a Igreja. Se for desenvolvida uma análise histórica a respeito das principais ações de Deus no mundo, a Igreja irá se destacar: sem Deus, ela não existe, e as ações de Deus na história se evidenciam por meio do testemunho e da prática da Igreja transformadora. Uma figura para demonstrar a ação da Igreja no mundo e na história é o farol, pois aponta caminhos, ilumina a rota, direciona para um lugar adequado. Essa é a figura principal da Igreja, um farol que ilumina para o caminho certo. A Igreja transcende as

---

1 Todas as passagens bíblicas indicadas neste capítulo são citações de Bíblia (2002).

ações humanas e ultrapassa as instituições, a Igreja é divina e em sua divindade é sobrenatural e resulta de uma ação misteriosa de Deus a favor do ser humano.

4.1 A Igreja foi idealizada antes dos tempos eternos

A Igreja foi preconcebida antes dos tempos eternos (Romanos, 16: 25-27; II Timóteo, 1: 8-12; Tito, 1: 2-3; I Pedro, 1: 10-12; 19-20; Gálatas, 4: 4). Ela é o ministério que estava guardado e que agora se manifesta por meio das escrituras. Fomos recuperados pela graça antes dos tempos eternos: Deus já havia planejado o envio de seu filho na hora que determinou.

A existência da Igreja, suas ações e seu testemunho perante a sociedade têm ultrapassado os tempos. Desde o pequeno grupo de seguidores de Jesus que foram impactados e transformados em Jerusalém e sua dispersão pelo mundo afora, a Igreja vai existindo por meio das pessoas e pelo grande amor de Deus por seu povo. A Igreja já estava na mente de Deus, ela faz parte do plano eterno para consolidar sua presença na Terra, para ser conhecido e para ser revelado ao mundo inteiro.

4.2 A Igreja foi tipificada no Antigo Testamento

A Igreja foi tipificada no Antigo Testamento pela graça, pelas promessas, pela Lei e pelos profetas.

Pela graça (Gênesis, 6: 8-9; Tito 3: 4-7)

O fato acontecido com Noé foi um ato imerecido e culminou na época da Igreja. O livramento de Deus revela as dimensões da graça: ninguém merece, todos são passíveis de morte, mas Deus intervém com libertação e proteção. O fato da preservação da vida é suficiente para demonstrar as dimensões da graça e da proteção do Senhor. Nesse caso, a graça manifesta-se por meio da proteção: Deus, o Senhor, protege e cuida de seu povo.

Pelas promessas (Gênesis, 22: 17; 15: 6; Gálatas, 3: 6-9, 29)

A menção à pessoa de Abraão está relacionada à fé. Sem fé é impossível agradar Deus. Precisamos apenas ter fé. Antes, os judeus tinham de sacrificar e crer; hoje, é necessário somente crer. Abraão é o Pai da fé. Por definição, podemos afirmar que a fé reside em crer que a palavra de Deus é a verdade e agir de acordo com essa verdade. No exercício da fé, a revelação de Deus se evidencia. A fé é a base para Deus agir; sem fé, Deus não se revela: o fiel não faz parte do plano milagroso de Deus.

Pela Lei (Gálatas, 5: 14; Mateus, 5: 17-18)

Para mostrar que a Lei foi o elementar. "Eu porém vos digo" não anula a lei de Moisés, mas ultrapassa-a. É impossível querer seguir Cristo, e não seus mandamentos. Deus estava tentando incutir todas as verdades concernentes à Igreja na mente do povo.

Nos profetas (Isaías, 65: 1-2; I Samuel, 22: 50; Salmos, 18: 49; Deuteronômio, 32: 21, 43; Salmos, 117: 1; Isaías, 11: 10 e muitos outros), encontramos verdades que estavam sendo ensinadas no Antigo Testamento, mas que chegam ao auge no tempo da Igreja. A própria revelação escrita de Deus termina na Igreja. A própria Bíblia encontra sua complementação no tempo da graça, da Igreja.

4.3 A Igreja teve início no Novo Testamento

Pela promessa feita em Mateus 16: 18, fica claro que a Igreja foi **concebida por Jesus**: Ele é quem edificaria Sua Igreja.

O fato narrado em Atos 2 demonstra que a Igreja é **formada pelo Espírito Santo**. O Espírito deu vida à Igreja e continua nutrindo sua existência.

Atos 5: 11 atesta que a Igreja nasceu como corpo. A partir daí a Igreja cumpre todos os requisitos necessários para sua existência. São eles:

- Um grupo de pessoas salvas e comprometidas em alcançar o mundo com o evangelho de Cristo. Uma Igreja que não assume esse compromisso é uma Igreja distorcida.
- Um grupo de pessoas salvas e comprometidas em observar as ordenanças deixadas por Jesus: batismo e ceia.
- Um grupo de pessoas salvas e comprometidas em praticar a comunhão.

Quando um grupo de pessoas salvas preenchem esses requisitos, então, é uma Igreja.

4.4 A Igreja foi formada por iniciativa do próprio Deus

Deus estabeleceu alguns critérios para a edificação dos fiéis que abriga em seu seio. Tais critérios servirão de base para o julgamento diante de Cristo (II Coríntios, 5: 10). Entre eles estão:

- **Não julgar ou desprezar** (Romanos, 14: 10; I Coríntios, 4: 5): não devemos julgar porque, quando Jesus vier, julgará as intenções e os propósitos do coração. Ele julgará!
- **Liberalidade** (Lucas, 14: 14): convidar pessoas que não podem recompensar. Não se deve dar somente pensando em receber. A Igreja oferece ou revela as ações de Deus para os desfavorecidos.
- **Qualidade da contribuição**: diz respeito não ao quanto se contribui, mas ao modo como se contribui.

Diante do último item, cabe a pergunta: Como estou contribuindo para edificação da Igreja? Se minha participação na Igreja não custa nada, é palha, madeira e feno. Mas, se está contribuindo com atos compromissados, então é ouro e pedras preciosas. De certa forma, o compromisso do corpo de Cristo exige algumas renúncias e dedicação. Por meio do amor, o ser humano demonstra seu compromisso com Deus e com as ações da Igreja, com generosidade e dedicação.

A dedicação para Igreja e sua consolidação demonstram uma série de compromissos com os princípios e valores do Reino de Deus: entrega, renúncia, militância, compromisso e atividades perenes refletem o amor e a consideração do povo de Deus.

A dedicação e o compromisso do fiel serão recompensados como o *galardão*, que é assim definido:

- Herança eterna como presente de Deus para aqueles que perseverarem até o final (I Coríntios, 9: 25-27).
- Uma coroa de alegria para aqueles que se empenharem em apresentar a salvação para os perdidos (I Tessalonicenses, 2: 19-20; Filipenses, 4: 1).
- Uma coroa de justiça para os que aguardam sua vinda (II Timóteo, 4: 7-8).

- Uma coroa da vida para os que são fiéis (Apocalipse, 2: 10; 22: 12).
- Uma coroa de glória para os que ajudam os irmãos (Hebreus, 2: 9; I Pedro, 5: 4).

Na eternidade, a Igreja será entronizada. No milênio, será glorificada no sentido de ser esposa de Jesus (Apocalipse, 20: 6; 5: 9-10). Essa é uma figura utilizada por estudiosos e também por autores bíblicos, principalmente o apóstolo João. Nesse esquema, o rei é Jesus, a rainha é a Igreja, a corte são os judeus e os súditos são os gentios.

Será também adornada:

- Com pureza (II Coríntios, 11: 1-3). Paulo: "Eu dei minha vida, faço tudo que posso para apresentar uma Igreja virgem, imaculada".
- Com santidade (Efésios, 5: 25-27). Jesus se entregou para receber uma Igreja santa, imaculada.
- Com justiça (Apocalipse, 19: 7-8). O que fazemos hoje determina o que vai ser a Igreja no futuro. O que fazemos afetará na eternidade. O que é o linho finíssimo? Os atos de justiça dos santos. Cabe perguntar: Estou contribuindo para que esse linho seja finíssimo?

E não deixará de ser avaliada. Vamos receber o elogio (louvor – I Coríntios, 4: 5), ou teremos vergonha na Sua presença (I João, 2: 28). Deus agirá com justiça e graça. No final de tudo, alguns receberão o galardão da benção eterna, outros sofrerão as consequências por suas atitudes.

Síntese

O plano de Deus para a Igreja consiste em apresentar para o mundo os fundamentos da salvação: a Igreja é o farol que ilumina o ser humano, que às vezes vive perdido e sem direção.

O testemunho da Igreja perante a sociedade permanece, as ações transformadoras proporcionadas pela Igreja geram mudanças permanentes e transmitem valores eternos.

A Igreja é apresentada na Bíblia e, em suas narrativas, ela não é um plano solto ou fortuito, todas as suas ações derivam de um projeto muito maior: a salvação da humanidade proposta no coração de Deus. De certa forma, podemos dizer que a Igreja se consolida no Novo Testamento. É com base nas ações do apóstolo Paulo que a Igreja desenvolve sua eclesiologia e sua fundamentação.

No futuro, teremos uma Igreja completa em sua essência, onde os fiéis estarão adorando a Deus e proclamando sua glória eternamente.

Atividades de autoavaliação

1. Qual é o propósito mais elevado de Deus?
   a) O universo.
   b) A salvação.
   c) A Igreja.
   d) O sacerdócio.

2. Que figura demonstra a ação da Igreja no mundo?
   a) O mar e os oceanos.
   b) A cruz e suas implicações.
   c) Um farol.
   d) Um rio e seus afluentes.

3. O que revela o livramento de Deus?
   a) O amor de Deus.
   b) As dimensões da graça.
   c) A misericórdia de Deus.
   d) A paciência de Deus.

4. O que é fé?
   a) Crer na palavra de Deus e agir de acordo com essa verdade.
   b) Acreditar de forma individual.
   c) Acreditar e reagir de forma humana de acordo com o sobrenatural.
   d) Tomar decisões baseadas no amor de Deus.

5. Quais são os compromissos que o corpo de Cristo requer?
   a) Dedicação e renúncia.
   b) Amor e paciência.
   c) Submissão e humildade.
   d) Superação e motivação.

Atividades de aprendizagem

Questões para reflexão

1. Como a Igreja pode exercer ações transformadoras para servir a sociedade?

2. Quais são as marcas específicas de uma igreja? Exemplo: serviço, unidade etc.

3. Pensando que a Igreja foi uma iniciativa do próprio Deus, como ocorreu seu desenvolvimento?

Atividades aplicadas: prática

1. Procure mapear quantas igrejas existem em seu bairro e identifique quais são as ações transformadoras que elas têm proporcionado para a comunidade.

2. Identifique as ações transformadoras que sua igreja tem exercido na sociedade e compartilhe com um grupo.

capítulo cinco

A Igreja de Cristo exerce autoridade recebida de Deus

05

A Igreja de Cristo é sobrenatural e tem uma fundamentação mística e metafísica. Sendo assim, pelo fato de ela existir em determinada localidade, exerce influência santa e divina. Neste capítulo, analisaremos a autoridade mística e sobrenatural que a Igreja exerce.

Jesus tem a autoridade total, final e absoluta, pois todas as coisas estão sujeitas a Ele. Essa autoridade tem uma base espiritual, Ele a recebeu de Deus, que é Senhor e criador de todas as coisas. Como autor da vida e iniciador de tudo o que existe, Deus tem autoridade suficiente para transmitir para seu Filho amado todo o poder necessário para exercer seu governo por meio da Igreja. As escrituras confirmam isso:

- Mateus 28: 18[1] – Jesus recebeu toda autoridade no céu e na Terra.
- Pedro 3: 22 – autoridade sobre espíritos bons e maus.
- João 16: 11 – Jesus já venceu o príncipe deste mundo.
- Hebreus 2: 14-15 – Ele já triunfou sobre o império das trevas.
- Mateus 9: 6 – Ele tem autoridade para perdoar pecados.
- João 17: 2 – Deus deu-Lhe autoridade para conceder a vida eterna.

Jesus é a autoridade suprema no mundo por meio da Igreja. Ele dá uma ordem e as coisas acontecem. Essa autoridade não se subjuga a nenhuma outra. Suas ordens estão acima de qualquer autoridade, e a Igreja é sua forma de exercer governo na Terra. As pessoas não visualizam Deus, elas veem a Igreja em toda sua dimensão física e espiritual. Assim, Jesus consolida seu reino.

A Igreja, por sua vez, tem o poder de Cristo, pois, como Corpo de Cristo, é a continuidade de sua existência. Nos locais onde a Igreja se faz presente, o poder de Deus pode ser evidenciado para transformação das realidades sociais. A Igreja tem autoridade sobre a criação, os espíritos, o perdão, bem como para ligar e desligar.

Autoridade sobre a criação (Mateus 17: 20; Lucas 10: 19; Tiago 5: 17-18)

O poder da oração é o poder que move montanhas, que não se limita, mas supera as leis da natureza: temos o mesmo poder que Elias teve quando pediu que chovesse. A Igreja tem o poder que o próprio Jesus tem. Em nome de Jesus, se pedirmos alguma coisa de acordo

---
1 Todas as passagens bíblicas indicadas neste capítulo são citações de Bíblia (2002).

com Sua vontade, obteremos nossos pedidos. A Igreja tem uma missão divina: proteger a criação, cuidar do planeta, zelar pelo ar que respiramos, cuidar da vida, proteger o meio ambiente, incentivar o plantio de árvores, promover a reciclagem de lixo, ensinar as pessoas a cuidar do planeta em que vivem etc.

Autoridade sobre espíritos (I João 4: 4; Lucas 9: 1; Mateus 10: 1; Romanos 16: 20)

Maior é o poder que está em nós do que o que está no mundo, Deus deu-nos autoridade sobre os espíritos para expeli-los. A vitória já foi conseguida. Se nós não podemos vencer Satanás completamente (embora nosso poder seja superior ao dele), ele não poderá vencer-nos, pois não tem autoridade sobre nós. A Igreja irá vencê-lo pelo poder dado por Jesus.

Autoridade sobre o perdão (Mateus 6: 14; João 20: 23; Tiago 5: 14-15, 19-20)

Se o enfermo tiver pecado, será perdoado. Há uma possibilidade de cura baseada no fato de a Igreja ter certo discernimento ao conceder paz por um pecado perdoado. Não que a Igreja perdoe os pecados, mas no sentido de conceder ou não o perdão. Quando o pecado não é perdoado, a Igreja tem autoridade de mandar vir um castigo de Deus.

Autoridade para ligar e desligar (I Coríntios 5: 4-5; Atos 5: 4-5; Mateus 16: 19; 18: 18)

A Igreja tem autoridade concedida por Cristo. Como Corpo, ela nunca contradiz a autoridade do cabeça. O que Deus fala se consolida por meio das ações da Igreja, as ações de Deus a favor de seu povo são executadas por meio da Igreja.

Um indivíduo não pode excomungar, mas a Igreja como um Corpo tem essa autoridade, pois está abaixo da autoridade de Cristo ou dentro da vontade Dele.

5.1 A Igreja tem direito e responsabilidade espiritual sobre todos os povos

O **direito** sobre os povos deve-se à **autoridade** que Cristo deu à Igreja, e a **responsabilidade** por esses povos deve-se à **ordem** que Cristo deu a ela. A Igreja tem um compromisso com a paz entre todos os povos. Ela deve ser uma promotora da paz, como disse Jesus: "e paz na terra aos homens que ele ama!" (Lucas, 2: 14).

5.1.1 Deus concedeu à Igreja acesso a todas as nações do mundo

Em vista do direito e da responsabilidade atribuídos por Deus, Ele concedeu à Igreja **acesso** a todas as nações do mundo. Não acesso sobre as sociedades ou residências, mas sobre as leis de um país. Esse acesso assenta-se sobre a **ordem** de Cristo e sobre sua **prática**.

Ordem (Mateus, 28: 19; Lucas, 24: 47; Atos, 1: 8; Apocalipse, 7: 9)

A ordem de Cristo nos dá acesso a todas as nações. Ele deu autoridade a todos os seus seguidores para entrar em todas as nações e pregar o Evangelho. A ordem Dele implica que a Igreja tenha acesso a todas as terras do mundo. Nada deve impedir essa ordem: "Ide por todo o mundo, proclamai o evangelho a toda criatura" (Marcos 16: 15).

Nenhum governo de qualquer nação pode impedir os cristãos de ministrarem a pregação da Bíblia, de anunciar o Evangelho, pois essa é uma questão espiritual, e não política. Não podemos renunciar à possibilidade de falar de Cristo só porque fomos impedidos. Esta deve ser a principal bandeira dos cristãos: o anúncio de que o reino de Deus é chegado até nós.

Prática (Atos 4: 18-31; 5: 40-42; 8: 1-9, 28, 31)

Cristo morreu por causa de sua fé, de forma objetiva e prática confrontou as autoridades de sua época, não cedendo às imposições do governo de Roma.

A Galileia, onde Jesus nasceu, integrava o Império Romano, que abrangia todo o entorno do Mediterrâneo, incluindo partes da Europa, da África e da Ásia, e somava 50 milhões de habitantes. Augusto era o imperador quando Jesus nasceu.

5.1.2 Cristo atribui à Igreja a interferência no mundo

O direito e a responsabilidade imputados à Igreja implicam a necessidade, em muitos momentos, de intervir sobre o mundo. Na Bíblia, abundam exemplos desse tipo de interferência:

- **Marcos 6: 18**: João Batista interferiu na vida de Herodes. Foi uma interferência espiritual, e não política: João o repreendeu pelo pecado de adultério e acabou morrendo em virtude dessa interferência.
- **Atos 12: 6-8, 23-25**: outro Herodes, perseguindo a Igreja, mandou que o adorassem, e não a Deus, por isso, como consequência desse ultraje, sofreu uma morte horrenda.
- **Atos 13: 10-11**: Paulo pediu a Deus que cegasse Elimas, o mágico, quando este atrapalhava sua pregação. Esse é um exemplo de poder espiritual que acaba interferindo na sociedade (saúde). Em determinadas situações, o poder de Deus ultrapassa os limites humanos.
- **Atos 16: 18-19**: Paulo expulsou o demônio de uma jovem, mudando uma situação naquela sociedade, por ser ela grande fonte de lucro. Paulo interveio de forma objetiva em uma situação que estava incomodando e atrapalhando a pregação do evangelho.
- **Atos 19: 16-20**: mágicos após a conversão queimaram seus livros.

A história também nos apresenta exemplos de intervenção:

- Em 1863, Abraham Lincoln, então Presidente dos Estados Unidos, decretou o Dia do Fogão Apagado – data em que todos deveriam jejuar[2].

- Em 1964, Enéas Tognini promoveu em todo o Brasil o Dia do Jejum e da Oração para que Deus nos livrasse do comunismo. O povo de Deus interferiu na história do Brasil, mudou seu curso[3].

Diante da proliferação da imoralidade e da corrupção no Brasil, a Igreja precisa se posicionar e declarar os fundamentos da verdade e da justiça: a Igreja tem essa responsabilidade e autoridade perante o mundo.

5.2 A Igreja recebe todos os seguidores de Jesus

A Igreja tem o privilégio e a responsabilidade de receber como parte de si mesma todos os seguidores do Senhor Jesus (Atos 2: 41-47; 4: 4; 5: 14; 6: 1; 8: 12; 9: 31). Há critérios para aceitação de um novo membro. São eles:

- **Senhorio de Cristo** (Atos 2: 36): o Senhor ajuntava aqueles que iam sendo salvos. Deus é quem coloca na Igreja a pessoa

---

2   Confira a íntegra da proclamação de Abraham Lincoln no endereço eletrônico: <http://www.diantedotrono.com/dtoficial/leia-carta-de-abraham-lincoln/>. Acesso em: 28 mar. 2017.

3   Confira a história de vida do pastor Enéas Tognini no endereço eletrônico: <http://www.cbn.org.br/noticias/20-em-memória/211-pr-eneas-tognin. html>. Acesso em: 28 mar. 2017.

convertida a Jesus. Deus atua na vida das pessoas e acrescenta-as a si, a Igreja local simplesmente reconhece isso. Nossa parte é o reconhecimento de que Deus o está aceitando. Aceitamos uma pessoa na Igreja quando confessa o senhorio de Jesus e o evangelho da graça.

- **Evangelho da graça** (Atos 19: 18): eles renunciaram as suas obras, confessando que tudo o que faziam não valia nada. Qualquer pessoa que aceita isso é recebido na Igreja. Para ser recebido como membro de uma igreja local, é necessário admitir que só se é salvo pela graça. Os favores da parte de Deus alcançam aquele que tem fé, resultando na salvação.

5.3 A Igreja deve ter uma vida santa

A Igreja tem o privilégio e a responsabilidade de viver uma vida santa (isso não quer dizer sem pecar), tanto individualmente quanto coletivamente.

Individualmente, cada um é responsável por trazer o perdão de Deus naquela área da vida que está precisando. E cada um tem a responsabilidade de conceder perdão àquele que pedir, assim como o Senhor perdoa (Colossenses 3: 13).

Do ponto de vista coletivo, a vida santa não é um privilégio para os que são de fora, mas para os que fazem parte da comunhão da Igreja. Nesse sentido, é cabível a observação de alguns elementos do texto de I João 1: 5-10:

- **Andar na luz**: tirar os atrapalhos da vida. Devemos viver uma vida transparente e reconhecer nossas fraquezas e a necessidade de estarmos próximos aos irmãos da Igreja. A benção da

Igreja é sua capacidade de acolhida, todos os que desejam podem ser acolhidos e usufruir de suas bênçãos.
- **Manter comunhão**: comunhão se faz na base da fraqueza. É a necessidade que temos um do outro, é dependência. Deus trabalha em nossa vida por meio do Corpo. Quando estamos em nossa real fraqueza, há maior interdependência em função da ausência de autossuficiência.
- **Purificação de pecados**: o sangue de Jesus tem uma função purificadora. A obra de Jesus é suficiente para nos perdoar e nos purificar de todo pecado. Acreditando na obra de Cristo, a pessoa receberá os benefícios decorrentes de tudo o que Jesus fez por nós na Cruz.

5.4 A Igreja é responsável por zelar pelo bem-estar espiritual de seus membros

A Igreja tem a responsabilidade de cuidar de seus membros, tem direitos e deveres em relação a cada um deles.

A missão de zelar pelo bem-estar espiritual de cada um e de todos os seus membros enseja o exercício da disciplina por parte da Igreja em determinadas situações, visando resolver problemas que afetam seu funcionamento. A Igreja tem autoridade para disciplinar, no entanto, deve saber como executar a disciplina.

5.4.1 Cuidado como responsabilidade da Igreja

A Igreja passa a ter autoridade sobre a pessoa que se submete a este princípio: eu, como parte do todo, tenho responsabilidade sobre meus irmãos, e o todo tem autoridade sobre as partes (= compromisso). Sendo submissa a Cristo, a pessoa submete-se a orientações e valores ensinados pela palavra de Deus. Essa situação traz alguns privilégios:

- **Proteção contra Satanás** (I Coríntios, 5: 1-5; I Timóteo, 1: 20): a pessoa que está sob o abrigo da Igreja está protegida contra as atuações malignas. Cabe aqui a figura de um guarda-chuva, pois a Igreja é uma proteção contra armadilhas e ciladas do inimigo (I Timóteo, 1: 20).
- **Direção**: Deus direciona a vida dos fiéis por meio da Igreja (Atos, 13: 1-3). Essa orientação não é imposta, pois Deus preserva a individualidade de cada um apesar do caráter de Corpo (I Pedro 5: 2).
- **Correção**: os filhos estão debaixo da correção do pai, e isso é privilégio. Quando o pai corrige o filho, este sente que é amado; sente que o pai tem interesse, que o ama. Assim é com a Igreja (I Timóteo, 5: 20).

Como parte do Corpo, as responsabilidades entre irmãos são mútuas (Mateus, 18: 15; Lucas, 17: 3). Quando uma pessoa identifica o pecado na vida de outra (erro) e não o corrige, está deixando de exercer seu papel de irmão e de cristão: a omissão é pecado (Gálatas, 6: 1). O cristão tem o compromisso de corrigir e exortar com espírito de brandura e de estar apto para ser corrigido.

Como parte do Corpo, cada um tem responsabilidade de zelar pelo todo (I Coríntios, 5: 6-7). Isso porque, por exemplo, uma ferida no dedo, se não for cuidada, poderá contaminar o corpo todo. Devemos olhar o indivíduo como parte do corpo. Pode chegar a um ponto em que ele terá de ser cortado.

5.4.2 Exercício da disciplina

A prática da disciplina visa ajudar o cristão, "se ele te ouvir, ganhaste o teu irmão" (Mateus, 18: 15); restabelecendo-o do pecado cometido (Hebreus, 12: 12-13); perdoando-o de sua ofensa (II Coríntios, 2: 5-7,10; Lucas, 17: 3; Colossensses, 3: 13); confortando-o na sua tristeza (II Coríntios, 2: 7; 7: 6); e amando-o tanto quanto antes (II Coríntios, 2: 8; Hebreus, 12: 5-7). A disciplina se propõe a criar um ambiente de pureza na Igreja, eliminando pecados (I Coríntios, 5: 6-7) e despertando temor em todos (I Timóteo, 5: 20; Atos, 5: 10-11). Por fim, a disciplina almeja vencer Satanás (II Coríntios, 2: 11): cabe à Igreja orientar e capacitar seus membros para se protegerem contra as investidas de Satanás.

Para que a disciplina tenha razão, deve haver um envolvimento com a igreja local. As possíveis consequências de não se disciplinar um filho em casa são imprevisíveis; em alguns casos, por exemplo, pode ensejar situações que se transformem em caso de polícia. O filho sente-se seguro quando entende seus limites e sabe que está sob a proteção da família.

A Igreja exerce a disciplina visando resolver problemas que afetam seu funcionamento, tais como:

- **Rancor e rebeldia** (Mateus, 18: 15-17; 5: 23-24): esse é um problema seríssimo na vida da Igreja: pessoas desenvolvendo uma atitude de amargura e ressentimento contra outros. É necessário haver uma reação contrária a respeito desses sentimentos, pois o rancor se transforma em amargura, sufoca e atrapalha o desenvolvimento cristão.
- **Procedimento vergonhoso** (I Coríntios, 5: 1-13): qualquer procedimento que traga vergonha sobre a Igreja é caracterizado como mau testemunho e poderá ser motivo de disciplina.

A Palavra de Deus relaciona alguns desses procedimentos vergonhosos:

- Impureza: embora até o mau pensamento seja condenável (Mateus, 5: 28), trata-se aqui de atos imorais condenados pela Palavra de Deus.
- Avareza: amor ao dinheiro (I Timóteo, 6: 10) e às coisas do mundo (Mateus, 13: 22; I João, 2: 15) são condenáveis, porém, o que cabe à Igreja disciplinar é o ato que, motivado por esse amor, vier a prejudicar a Igreja ou mesmo causar escândalo na sociedade.
- Idolatria: quando alguém (ou alguma coisa) toma o primeiro lugar na vida de um irmão, ele está cometendo idolatria (Mateus, 22: 37; Isaías, 45: 19-25). A Igreja deverá discipliná-lo no caso de se tornar pública essa idolatria e afetar o ministério e o testemunho perante os de fora.
- Maledicência: todo irmão que tiver um assunto a tratar com outro e que, em vez de procurá-lo pessoalmente (particularmente – Provérbios, 25: 9), falar do assunto com outros, semeando contendas (Provérbios, 6: 16-19), está em falta.
- Bebedice: embora o cristão tenha liberdade de beber (I Coríntios, 10: 23-24), não pode fazer dessa liberdade motivo de tropeço para outros (Romanos, 14: 21). O cristão não pode ser dado ao vício da bebida nem ultrapassar os limites perdendo o controle.
- Roubo: o mandamento do Senhor é claro a esse respeito (Êxodos, 20: 15). E uma das provas da regeneração é não furtar (Efésios, 4: 28). Portanto, aquele que usurpar alguma coisa de outra pessoa será disciplinado.
- **Divisão ou escândalo** (Romanos, 16: 17-18; I Timóteo, 6: 3-5): se alguém na Igreja promover discórdia, criando facções e

gerando assim um ambiente dividido, essa pessoa estará agindo de maneira errada (Provérbios, 6: 16-19). Da mesma maneira, qualquer um que seja motivo de escândalo, tornando-se pedra de tropeço para outro, sofrerá as consequências de seu erro (Romanos, 14: 13, 20; Mateus, 18: 7).

- **Desobediência à Palavra** (II Tessalonicenses, 3: 14-15; Romanos, 16: 17-18; I Timóteo, 6: 3-5): a questão doutrinária é complexa, pois Deus deu para cada cristão a capacidade total para compreender as escrituras na pessoa do Espírito Santo. Todavia, certos preceitos bíblicos são de consenso geral e absolutos. Se vierem a ser conscientemente desobedecidos ou desconsiderados, deverá haver aplicação de disciplina (II Timóteo, 3: 14-15).

A Igreja precisa saber exercer a disciplina

As questões relacionadas à disciplina na Igreja devem ser pautadas nas escrituras sagradas, segundo as quais ela deve ser aplicada:

- **Individualmente** (Mateus, 18:15; 5: 23-25; Provérbios, 25: 9): caso seja constatada alguma coisa que desabone o comportamento do fiel, este deve ser convidado para uma conversa individual para explicar sobre os pontos em questão.
- **Diante de testemunhas** (Mateus, 18: 16; II Coríntios, 13: 1; I Timóteo, 5: 19): uma vez que a pessoa seja confrontada e não tome a postura adequada, outra pessoa deve ser convidada para ser testemunha diante da situação proposta.
- **Diante da Igreja** (Mateus, 18: 17): a Igreja avaliará a situação e o culpado deverá se submeter às orientações sobre o que se deve fazer. Se a pessoa não aceitar o tratamento de forma individual nem diante de testemunhas, seu caso deve ser apresentado para a Igreja e, assim, chegar-se a uma conclusão a respeito.

Ressaltamos que a disciplina visa sempre ajudar a pessoa que está sendo tratada.

Aplicação da disciplina

Toda ação de disciplina está baseada no amor, qualquer outra atitude que se oponha a isso não deve ser considerada. A disciplina não é uma oportunidade de revanche, nem situação para demonstrar ódio e preconceito. No final de uma ação de disciplina, a pessoa deve estar restaurada e disposta a amar a Deus acima de todas as coisas.

Qualquer procedimento a respeito de disciplinas no ambiente de uma igreja deve, em primeiro lugar, **considerar a pessoa**. Devem ser aplicados princípios e orientações que ajudem as pessoas a resolverem seus problemas e a encontrarem equilíbrio e ajustes para determinadas situações.

É responsabilidade de cada membro do corpo estar atento para qualquer coisa que afete sua boa saúde. Além disso, a parte afetada é responsável pela aplicação da disciplina preliminar. A disciplina individual deve ser aplicada mediante:

- **Exortação**: é expressão de conforto, carinho e orientação para a pessoa que precisa (I Timóteo, 5: 1; Atos, 2: 40; 11: 23).
- **Advertência, admoestação ou arguição** (II Tessalonicenses, 3: 15; Tito, 3: 10; Mateus, 18: 15): a fim de contribuir para que o indivíduo reconheça o que ele tem de fazer.
- **Repreensão** (Lucas, 17: 3; 23: 40): apontar o erro do indivíduo e indicar o caminho para restauração.
- **Observação** (Romanos, 16: 17; I Coríntios, 11: 19): nossa conduta deve ser de transparência, observando um ao outro, zelando pelo bem-estar, acompanhando o outro e ajudando-o a vencer o problema. Esse compromisso deve ser mútuo.

A aplicação da disciplina por uma igreja como um todo (**coletivamente**) deve ser executada por seus líderes e observada por todos. Os instrumentos para aplicação dessa disciplina são:

- **Repreensão** (I Timóteo 5: 20; I Coríntios, 2: 5-6): parte do todo para chegar ao indivíduo.
- **Suspensão:** deve ser por tempo determinado. A disciplina não deve cortar a possibilidade de nenhuma pessoa participar da comunhão da Igreja, uma situação típica para exemplificar é a de Jesus e a mulher adúltera: "Vai e não peques mais" (João, 8). Pode-se suspender alguém da comunhão (I Coríntios, 5: 11); da sociedade (I Coríntios, 5: 9-11; II Timóteo 3: 14); do relacionamento (Tito 3: 10).

As decisões a respeito da disciplina de uma igreja devem ser tomadas pelo grupo de líderes com base nos princípios e nas orientações da palavra de Deus. Geralmente é usado o critério de maioria absoluta de votos nas decisões importantes (metade mais um).

A disciplina refere-se a pecados, a uma conduta reprovável, indigna a filhos de Deus. Não se refere a conselhos e projeto de vida: cada seguidor de Jesus tem a responsabilidade de guiar e decidir a respeito de sua vida, de acordo com os princípios da palavra de Deus.

Quando dois irmãos estiverem em conflito, a Igreja deve orientar a respeito da reconciliação. Se um deles não quiser se reconciliar, cabe aos líderes de uma igreja, de acordo com a autoridade espiritual, desenvolverem um programa de aconselhamento para que a situação seja solucionada.

A Igreja de Cristo tem certos regulamentos, e a não submissão a eles implica disciplina e orientações. A Igreja é uma sociedade de pessoas que professam a mesma fé em Jesus Cristo. A comunidade cristã tem regulamentos internos aos quais seus membros submetem, e ela pode exigir a obediência e tomar medidas necessárias para que seu funcionamento seja adequado de acordo com os princípios das escrituras.

5.4.2.3 Princípios sobre a disciplina

Quando as pessoas envolvidas em um conflito **não procuram a reconciliação**, o caso deve ser resolvido por uma intervenção da Igreja. O pastor deve zelar para que em sua igreja haja um espírito que não aceite o pecado. O pecador não deveria se sentir bem na Igreja estando em pecado. O ambiente de uma igreja deve constrangê-lo a se arrepender.

Qualquer **menção de um caso para uma terceira pessoa** é errado. Quando alguém começar a mencionar determinado caso, podemos nos recusar a ouvir. Mas, se ouvirmos, temos a responsabilidade de nos envolver. Talvez sejamos a pessoa que Deus quer usar para fazer a reconciliação ou a pessoa para levar o caso à Igreja. Quando alguém ouve a respeito de um problema, torna-se responsável pelo que ouve. Se as pessoas são de igrejas diferentes, sua responsabilidade é com a pessoa da sua igreja.

Nos casos que necessitam de intervenção da diretoria de uma igreja, a disposição de ajudar aquele que está precisando deve ser levada em conta. Nos casos que impliquem decisões importantes na vida das pessoas, o menor número possível de pessoas deve estar envolvido, considerando-se sempre a necessidade de não expor as pessoas e evitar situações constrangedoras.

Síntese

Jesus tem autoridade total e absoluta sobre todas as coisas, e sua autoridade é fundamentada de forma espiritual. Deus tem autoridade para seu Filho e, para que essa autoridade seja exercida, deu-lhe a Igreja.

Jesus tem autoridade sobre toda a criação, sobre os espíritos, bons e maus, e tem autoridade para perdoar pecados e purificar o pecador de toda injustiça.

A Igreja tem um compromisso pela paz, devendo promovê-la e ser uma agente da paz. Por meio da Igreja, Jesus apresenta seus princípios e valores para um mundo que jaz na violência.

Na Igreja, todos tornam-se membros do corpo de Cristo. Após o perdão dos pecados e a aceitação como servo de Jesus, cada cristão torna-se um irmão e passa a receber os benefícios dessa fraternidade espiritual.

A Igreja tem a responsabilidade de cuidar de seus membros, mesmo que isso implique disciplina e confronto, levando em conta que a disciplina visa à restauração do ofensor e à ajuda a ele. São várias as formas de disciplina, e todas devem ser ferramenta de ajuda para o transgressor. A Igreja deve ser um lugar de perdão e restauração daqueles que se dispõem a seguir a Jesus Cristo.

Atividades de autoavaliação

1. Qual é a base para autoridade de Jesus?
   a) O amor de Deus.
   b) O pecado do mundo.
   c) A autoridade espiritual.
   d) O pecador arrependido.

2. Como a Igreja tem o poder de Cristo?
   a) Como Corpo de Cristo, é a continuidade de sua existência.
   b) Tem o poder que Cristo tem.
   c) Porque é espiritual.
   d) Porque é eterna em sua existência.

3. Como o que Deus fala se consolida?
   a) Por meio das ações da Igreja.
   b) O que Deus fala, o Antigo Testamento anuncia.
   c) Para cada ação da Igreja, há um dom em execução.
   d) A voz de Deus ecoa na Igreja.

4. Qual deve ser a principal tarefa da Igreja?
   a) A Igreja deve zelar pelo bem-estar espiritual de todos os seus membros, exercendo cuidado sobre eles.
   b) A Igreja funciona de acordo com seus membros.
   c) A Igreja existe desde a eternidade.
   d) Para a Igreja, os membros devem seguir seus próprios planos.

5. Qual é a base para a disciplina cristã?
   a) A submissão.
   b) O amor.
   c) O sofrimento.
   d) A dedicação do corpo.

Atividades de aprendizagem

Questões para reflexão

1. Tomando como base o texto da Bíblia Sagrada, com quais pontos sobre disciplina você concorda e com quais não concorda?
2. Como a disciplina pode ajudar na Igreja?

Atividades aplicadas: prática

1. Procure conversar com um pastor experiente a respeito da disciplina em uma igreja e busque orientações sobre como agir diante de situações que requerem disciplina.
2. Identifique uma situação de disciplina em sua igreja e os resultados dela. Depois, converse com seu grupo, visando aprender sobre essa situação.

capítulo seis

A Igreja de Cristo acontece em uma realidade terrena

06

A Igreja de Cristo exerce influência na sociedade com o auxílio de homens e mulheres capacitados e reconhecidos por sua liderança espiritual. Jesus relaciona-se com a Igreja por meio de pessoas. Em sua essência, a Igreja é de Jesus, mas a forma sobrenatural pela qual acontece esse relacionamento ocorre por intermédio daqueles que professam sua fé em Jesus Cristo. A Igreja acontece em uma realidade terrena. Essa forma de existir deve ser liderada e organizada por pessoas vocacionadas por Deus para que ela exista em sua plenitude. As pessoas não enxergam Deus, a existência da Igreja é sobrenatural e misteriosa, mas precisa ter uma representação pública e humana perante a sociedade. Assim sendo, pessoas capacitadas por Deus assumem suas responsabilidades ministeriais. É Ele quem manda, dirige e governa a Igreja, e isso Ele faz por meio de pessoas.

6.1 Algumas pessoas são capacitadas por Jesus para liderar a Igreja

Existem várias palavras no Novo Testamento para líderes: presbíteros, anciãos, pastores, bispos, guias, diáconos.

Deus providencia, homens e mulheres por Ele capacitados para a liderança, os quais e se destacam para governar a Igreja. Deus vocaciona pessoas com dons diferentes. Essas pessoas exercem as seguintes funções:

- **Presbítero**: é o mais experiente e sábio e conta com o respeito da comunidade. Essa ideia procede do conselho dos sete, que eram os líderes das sinagogas judaicas. O presbítero é um líder destacado diante da comunidade, com reconhecimento em função da idoneidade e das atividades diante do povo, de forma que o representa, além de ser capacitado por Deus para essa tarefa (I Timóteo, 5: 17; Atos, 11: 30; 14: 23; Tito, 1: 5[1]). No contexto do Novo Testamento, temos presbíteros que exerciam a liderança entre o povo e presbíteros que exerciam a tarefa de supervisionar os líderes, protegiam os cuidadores; essa função é de suma importância para que a estrutura de liderança seja completa para o funcionamento de uma igreja.
- **Bispo**: está na posição de supervisor. A palavra *episcopos* (grego) quer dizer *olhar de cima*. O bispo é aquele que está em uma posição em que se pode ver a coisa toda (Atos, 20: 17-28; I Timóteo, 3: 4,5; Hebreus, 13: 17; I Tessalonicenses, 5: 12-13).

---
1 Todas as passagens bíblicas indicadas neste capítulo são citações de Bíblia (2002).

Ele exerce as mesmas funções dos presbíteros, mas com ênfase em uma liderança de supervisão de líderes.
- **Pastor**: exerce a função de cuidado dos fiéis. No Novo Testamento, é citada a figura do pastor de ovelhas, aquele que cuida e convive com as ovelhas. Essa figura bíblica representa o cuidado pastoral e a proteção de Deus em relação a seu povo. O pastor é o cuidador, aquele que se preocupa com o bem-estar das pessoas, tem uma palavra de consolo quando necessário, deve ser uma pessoa de profunda sabedoria, porque suas palavras serão decisivas para projetos e decisões importantes na vida (I Pedro, 5: 1-3; Hebreus, 13: 7; Gálatas, 6: 6).

6.2 Deus instituiu pessoas para cuidar da Igreja

Segundo Atos 20: 28; 14: 23, Deus vocaciona os líderes, mas a Igreja tem de identificá-los. Em todas as igrejas, existem homens que Deus escolheu. Basicamente, a liderança que Deus providenciou está na Igreja: entre os irmãos surgem aqueles que têm vocação para a liderança cristã.

Isso contraria a ideia de que a única pessoa que deve trabalhar em uma igreja são os pastores. Esse procedimento anula a liderança da Igreja. Ninguém pode ou deve trabalhar sozinho na Igreja. Deus tem um ministério na Igreja para todas pessoas, as atividades nas igrejas são inúmeras. A liderança assumirá responsabilidades administrativas, aconselhamentos, projetos de vida, orientações para os casais, orientações para os mais jovens, cuidados com os idosos, projetos missionários, enfim, são funções diversas que devem ser exercidas pelos vocacionados para liderança cristã, tanto homens quanto mulheres. Os que estão na liderança são aqueles que Deus escolheu.

6.3 Os fiéis devem se submeter aos líderes espirituais

Devemos nos perguntar: Qual deve ser a postura da Igreja a respeito dos presbíteros? Algumas das atitudes sugeridas pelas escrituras são:

- **Julgar** (I Coríntios, 14: 29; I Tessalonicenses, 5: 21; I Pedro, 4: 11): quando ouvimos um sermão, por exemplo, não devemos aceitar só porque foi dito, mas devemos questioná-lo, ver se de fato é bíblico aquele ensinamento. Não devemos aceitar tudo de forma acrítica. Porém, não devemos ter uma atitude crítica pejorativa, mas "julgar todas as coisas e reter o que é bom". Os de Bereia eram mais nobres do que os outros porque analisavam tudo de acordo com a palavra de Deus.
- **Imitar** (I Coríntios, 4: 16-17; 11: 1; Filipenses, 3: 17; I Tessalonicenses, 1: 6; 2: 14; II Tessalonicenses, 3: 7; Hebreus, 13: 7; II Timóteo, 3: 10-11, 14; Filipenses, 4: 9): muitas vezes ouvimos: "Não olhe para mim, mas para Jesus". É muito bonito, mas não é certo. Devemos ser exemplos a ser seguidos. A vida do líder deve ser exemplar, deve refletir aquilo que fala: "Faça o que eu faço além do que eu digo". É preciso levar o povo a fazer o que nós fazemos, e não só o que falamos.
- **Acatar** (I Tessalonicenses, 5: 12-13; I Pedro, 1: 12; Hebreus, 13: 17): acatar o que é bom como sendo de Deus. Deve-se ir à Igreja com humildade esperando ouvir Deus por meio do pastor.

A participação dos fiéis em uma igreja deve ser consolidada por uma atitude de aprendizagem, o indivíduo vai à igreja para exaltar a Deus, ter comunhão com os irmãos e crescer diante de Deus. "Antes crescei na graça e no conhecimento de nosso Senhor Jesus Cristo" (II Pedro, 3: 18).

- **Analisar**: os fiéis não devem "aceitar" tudo o que o pastor diz, mas devem fazer como os bereanos (Atos, 17: 11) fizeram. É preciso julgá-los segundo a Palavra de Deus e analisar para identificar o que é bom. O cristão tem a responsabilidade de conferir tudo que ouve de acordo com a palavra de Deus. Por meio da constatação da verdade, o cristão deve obedecer.

6.4 Cabe aos líderes espirituais a tarefa da motivação ministerial

Em Efésios 4: 10-14, fala-se a respeito da liderança e dos liderados, bem como dos ministérios específicos da Igreja. Todos os membros de uma igreja devem ter uma ação específica. Não é possível que um cristão não esteja envolvido de alguma forma na obra de Deus. Nos planos de Deus para a Igreja, surge a ideia do corpo, toda a ação e todo o desenvolvimento da Igreja não são executados por uma só pessoa, pressupõe-se uma ação em equipe, cada pessoa sabe de suas responsabilidades perante o corpo de Cristo, a Igreja.

O papel principal do pastor, em sua essência, deve ser o de treinar os líderes. O objetivo dos líderes é levar os santos ao cumprimento de seus ministérios. Uma liderança bem treinada resulta em uma Igreja atuante perante a sociedade, o trabalho de muitos é muito mais eficiente do que o trabalho de poucos.

6.5 Orientações sobre as diversas atividades na Igreja

As atividades da Igreja podem ser orientadas pela ampliação de alguns termos bíblicos. Vamos ver alguns deles:

- **Apóstolo**: o pioneiro, o fundador, o iniciador. *Missionário* é a palavra latina que significa exatamente o que significa a palavra *apóstolo* no grego. Poderíamos dizer que são fundadores de igrejas. São aqueles que dão início aos projetos, que têm uma capacidade para o empreendedorismo e para novos desafios. Nesse sentido, são os que dão o ponto de partida para que uma igreja seja iniciada.
- **Profeta**: o exortador, o pregador, o zelador da verdade. Preserva a pureza e a honestidade da verdade bíblica. É aquele que tem a visão lógica da verdade e do erro, é aquele que aponta o erro e adverte do perigo. Tem um compromisso com a verdade e a justiça. É a pessoa escolhida por Deus para enfrentar as situações de injustiça, principalmente contra o pobre e o oprimido.
- **Evangelista**: é o ganhador de almas. É aquele que tem a facilidade de pregar o evangelho. Aqui falamos de facilidade, e não de responsabilidade. A responsabilidade (dever, obrigação) de pregar o evangelho é de todos. O evangelista é enviado por Deus à Igreja para arregimentar outras pessoas para o grupo. Ele tem um carisma especial para atrair pessoas.
- **Pastor**: o apascentador, o conselheiro, o consolador. O pastor é aquele que cuidas almas, que zela por elas. Tem a responsabilidade de cuidar das pessoas, caminhar ao lado, chorar junto, sorrir nos momentos de alegria e estar sempre pronto para atender e ajudar. O pastor conhece as pessoas de quem cuida

e as pessoas conhecem o pastor responsável por elas. Este é o conceito ensinado por Jesus: o pastor conhece suas ovelhas.

- **Mestre**: é o ensinador, o instrutor, o professor. O mestre é fundamental para a fé cristã, o ensino, a orientação que conduz para a sabedoria, que, uma vez praticada, resulta em uma vida melhor e equilibrada diante de Deus, da sociedade e de si mesmo. Cabe aos mestres tornarem os ensinos bíblicos acessíveis para as pessoas, interpretando a mensagem da palavra de Deus e ensinando-a de forma prática para que as pessoas possam obedecer a Deus com responsabilidade e compromisso.

Síntese

Jesus dirige a Igreja com o auxílio de pessoas vocacionadas e capacitadas para a liderança cristã.

As pessoas e a sociedade não enxergam Jesus, mas percebem as pessoas; portanto, suas atitudes e decisões devem refletir as ações de Deus a favor de seu povo.

Existem vários termos no Novo Testamento que definem as atuações de liderança na igreja local, entre eles: presbítero, bispo e pastor. Essas designações referem-se aos responsáveis pelo cuidado e pelo apoio ao povo de Deus.

As pessoas que exercem liderança em uma igreja são capacitadas por Deus. Essa não é uma tarefa apenas humana, tem um aspecto divino e sobrenatural.

No exercício da liderança cristã, cabe aos líderes exercerem com temor e reverência suas funções, e aos fiéis cabe reconhecer as orientações de Deus e se submeter a elas.

O fundamento da liderança cristã é a motivação, a inspiração e o serviço em relação aos fiéis. Dessa forma, o cuidado pastoral é exercido com carinho e incentivo para que a pessoa cresça na presença de Deus.

Atividades de autoavaliação

1. Como Jesus dirige a Igreja?
   a) Por meio da inspiração.
   b) Por meio de pessoas.
   c) Por meio do amor.
   d) Por meio dos milagres.

2. De que forma as pessoas identificam as ações de Deus na comunidade?
   a) Por meio do testemunho de seu povo.
   b) Por meio dos impulsos do espírito.
   c) Por meio da capacitação do povo de Deus.
   d) Por meio da instituição.

3. Quem são os presbíteros?
   a) Líderes destacados diante da comunidade.
   b) Pessoas dedicadas.
   c) Líderes exemplares e comprometidos com a causa da instituição.
   d) Líderes vocacionados para dar continuidade ao trabalho de Cristo.

4. Como Deus cuida de sua Igreja?
   a) Deus vocaciona os líderes, mas a Igreja tem de identificá-los.
   b) Por meio do trabalho contínuo.
   c) Com milagres e maravilhas.
   d) Formando líderes e estabelecendo seu poder.

5. Qual é a tarefa do mestre?
   a) Ser um motivador de pessoas para sua vida pessoal.
   b) Ser ensinador, instrutor e professor.
   c) Seguir conselhos e dar conselhos.
   d) Com ensino e eficácia, deve promover seu nome diante da comunidade.

Atividades de aprendizagem

Questões para reflexão

1. Qual a importância dos dons para a Igreja?
2. De que forma o bom uso a respeito dos dons espirituais pode ajudar as pessoas?

Atividades aplicadas: prática

1. Em sua ou em outra igreja, apresente-se a um pastor e procure ter uma conversa sobre a experiência pastoral e suas implicações.
2. Identifique as principais marcas de uma liderança cristã em uma igreja e compartilhe com seu grupo.
3. Para que o trabalho do ensino em uma igreja seja consolidado, a figura do mestre é muito importante. Converse com um mestre de sua igreja e compartilhe a experiência com seu grupo.

capítulo sete

A Igreja de Cristo funciona por meio dos dons e do ministério cristão

07

Neste capítulo, examinaremos os dons e suas implicações tanto para o indivíduo quanto para o bom funcionamento da Igreja. Segundo a abordagem bíblica, os dons devem ser usados como ferramentas para a capacitação dos cristãos. As diferentes práticas relacionadas ao cotidiano de uma igreja devem ser orientadas por pessoas específicas e portadoras dos dons relacionados à tarefa que desempenha. Pretendemos, aqui, orientar os cristãos acerca dessa temática tão importante. Destacamos, dessa forma, o dom de ensino: Deus tem capacitado homens e mulheres para exercerem essa importante tarefa. O povo de Deus precisa ser ensinado a respeito dos princípios bíblicos, e esse povo, com seus dons, pode ajudar de diversas formas a sociedade e a Igreja.

No decorrer do capítulo, apresentaremos pontos práticos e orientações específicas referentes aos diferentes dons pessoais abordados.

7.1 Os ministérios dos líderes da Igreja devem motivar os fiéis para o serviço cristão

Em uma igreja, o ambiente deve ser de participação e cooperação, não de passividade. Não existe possibilidade de pensar que uns ministram e outros são ministrados. As ações devem ser direcionadas às pessoas, a mudar circunstâncias e a favorecer pobres e necessitados. Na Igreja, há lugar para todos, cada um com suas responsabilidades – como na figura do corpo, cada membro tem uma função específica e, se um membro não funciona, os outros sofrem as consequências e a eficácia do corpo é comprometida.

As atividades diversas devem ser desenvolvidas na Igreja. Alguns acham que só o pastor deve exercer as tarefas cotidianas, mas o serviço é desenvolvido por meio de múltiplas tarefas:

- **Evangelizar** (Atos, 8: 4[1]): tomando como referência a igreja do livro de Atos dos Apóstolos, podemos dizer que toda a Igreja de Jerusalém evangelizava. Essa é uma tarefa de muitos realizada por poucos. O trabalho de evangelização é o que dá sentido à existência de uma igreja: em sua essência, ela deve exercer uma tarefa profética, anunciar para todos a respeito da salvação e da chegada do Reino de Deus.

- **Aconselhar** (Colossenses, 3: 16): todos devem instruir e aconselhar com toda a sabedoria. As tarefas do consolo e da orientação cabem a todos os que fazem parte da Igreja. O evangelho capacita servos de Deus para exercerem a sabedoria e cuidar

---
1 Todas as passagens bíblicas indicadas neste capítulo são citações de Bíblia (2002).

dos irmãos. Nos momentos de dor, as pessoas precisam de conforto; nos momentos decisivos da vida, precisam de orientação; nas situações alegres, precisam de companheiros para comemorar. Uma igreja deve ser um espaço para que as pessoas se fortaleçam e encontrem apoio necessário para uma vida equilibrada.

- **Ensinar** (Colossenses, 3: 16): orientar e capacitar as pessoas a entender os princípios da palavra de Deus. A leitura da Bíblia precisa de interpretação, caso a pessoa não entenda um ensinamento bíblico, deve buscar ajuda e orientação. Por meio do ensino e da sabedoria, acontecem o crescimento e o desenvolvimento do Corpo de Cristo.
- **Pregar** (I Coríntios, 14: 3-31; Atos, 8: 4): a pregação deve ser a voz de Deus para seu povo. Por meio das mensagens, os princípios de Deus são transmitidos para seu povo. A pregação deve ser bíblica, sua base deve ser a palavra de Deus e ela deve ser contextualizada, estar ambientada no contexto da vida das pessoas que a ouvem. A pregação deve ser prática, e os princípios apresentados devem ser aplicáveis e possíveis de ser praticados.

Essas tarefas estão relacionadas ao exercício dos dons (Romanos, 12: 4-8). Deus tem dado dons aos homens. Os dons, na verdade, são carismas, são presentes da parte de Deus para seu povo. Cada dom deve contribuir para o desenvolvimento de seu corpo e da Igreja; os dons são diversos, mas o serviço é o mesmo, tudo deve contribuir para o crescimento do povo de Deus e para consolidação do serviço de uma igreja.

As tarefas mencionadas têm relação também com o chamado divino (I Pedro, 4: 10-11). A vocação cristã é uma realidade no contexto do cristianismo: Deus tem chamado determinadas pessoas, homens e mulheres, para exercerem a tarefa do ministério. Esse chamado é sobrenatural, as pessoas que se identificam com essa realidade estão conscientes de seu serviço e sentem-se realizadas em desenvolver as tarefas que lhe são designadas. A vocação parte do chamado de Deus, da convicção do chamando e da disposição para exercer o serviço que lhe é concedido.

Há, entretanto, pessoas que não exercem o serviço cristão por diversos motivos. Entre eles podemos destacar:

- **Não estão dispostas**: preferem participar das igrejas apenas como assistentes. Não aceitam cargos nem compromissos. Têm a ideia de que devem pagar ao pastor para trabalhar e fazer o serviço que não estão dispostas a realizar.
- **Não sabem**: nunca foram ensinadas. Gostariam de fazer, mas ninguém lhes ensina. São fundamentais, no contexto das igrejas, o treinamento e a capacitação dos fiéis. Alguns serviços nas igrejas são específicos e, para que sejam realizados a contento, aqueles que vão desempenhá-los precisam de preparação. O exercício de uma atividade por alguém que não tem capacitação pode acarretar danos para a Igreja.
- **Não podem**: quando os membros são proibidos de fazer alguma coisa. Algumas igrejas tem desenvolvido uma ideia de que apenas indivíduos profissionais podem desempenhar determinadas tarefas e esquecem a ideia bíblica de que o serviço no Corpo de Cristo deve ser desempenhado por todos.

Por meio do serviço cristão, o evangelho torna-se uma realidade, as pessoas serão impactadas por um testemunho de serviço e pela orientação, os quais podem ser desenvolvidos no ambiente de uma igreja.

7.2 Todos os cristãos têm responsabilidades espirituais

Todo cristão tem a missão de proclamar a salvação de Deus em contraste com o pecado do homem (contrastar a verdade de Deus com a mentira do homem, a santidade com o pecado). Não há justificativa em apontar o erro sem apontar a salvação. Deus enviou seu Filho ao mundo para todo aquele que nele crê não pereça, mas tenha a vida eterna. Essa é a mensagem salvadora de Jesus Cristo, e os cristãos devem proclamá-la.

Cabe também ao cristão praticar as verdades do evangelho. Os fiéis precisam entender que as pessoas não veem Deus, mas enxergam no dia a dia o testemunho dos cristãos. A prática dos ensinamentos bíblicos deve ser uma realidade na vida daqueles que professam a fé em Jesus Cristo: viver na luz e brilhar nas trevas.

É, ainda, responsabilidade do cristão praticar as boas obras de Deus para que o mundo veja Sua glória. A verdadeira religião é cuidar dos órfãos, da viúva, do pobre e do estrangeiro: o exercício da fé cristã vai em direção ao outro. Quando a verdadeira religião é praticada, o evangelho torna-se uma realidade na vida tanto da pessoa beneficiada quanto daqueles que estão testemunhando as boas obras.

7.3 Os cristãos são responsáveis pelos projetos ministeriais da Igreja

Os fiéis têm responsabilidades diante da Igreja e de seus projetos ministeriais. Destacamos, a seguir, alguns aspectos das atividades ministeriais na Igreja:

- **Mutualidade ou reciprocidade**: o Novo Testamento apresenta 27 mandamentos recíprocos (amai-vos, instruir-vos e exortai-vos uns aos outros etc.). Assim, devemos estar ministrando uns aos outros para a edificação do corpo. Essa tarefa de compartilhar é parte vital para a ação missionária da Igreja: ao mesmo tempo que o indivíduo serve, ele é servido, acontecendo a ação ministerial.

- **Serviço**: servir a Deus é dedicação completa. É muito mais do que trabalho exterior. O serviço visa, primeiro, proclamar o nome de Deus, por meio do serviço Deus está sendo apresentado para a humanidade; segundo, apresentar a salvação para as pessoas que ainda não tiveram uma experiência com Jesus.

- **Dons**: *dom* – palavra geral para dádiva, é tudo o que Deus nos dá para o serviço cristão. Os dons são diversos, mas a Igreja é a mesma. Por meio do exercício dos dons, a atividade de uma igreja se consolida. O dom de misericórdia, o dom de ensino e outros dons têm como objetivo fazer com que o corpo venha a funcionar de forma legítima e eficaz.

7.4 O conhecimento dos dons

A importância do conhecimento dos dons é descrita em I Coríntios 12: 1 e confirmada em I Pedro 4: 10. Deus se revela na Igreja, e essa revelação é compreendida por meio do exercício dos dons espirituais.

Segundo I Pedro 4: 10, devemos servir uns aos outros por meio dos dons que Deus nos dá. Por isso, cada um vai servir com uma conotação diferente: "a multiforme graça de Deus", isto é, as variadas formas da graça de Deus.

Nesse contexto, cabem algumas distinções práticas a respeito dos dons:

- **Dom é diferente de personalidade**: dom é algo sobrenatural dado por Deus e não tem nada a ver com personalidade. Cada pessoa tem seu jeito de ser: uns extrovertidos, outros introvertidos, assim se manifesta a personalidade de cada um. Por outro lado, os dons são diferentes e evidenciam-se de forma sobrenatural.
- **Dom é diferente de talento**: há pessoas talentosas na música, por exemplo, mas o dom da música não existe. Assim, algumas pessoas têm habilidades musicais que são desenvolvidas por meio de treino e ensino.
- **Dom é diferente de fruto do Espírito**: não existe o dom da alegria, da paz etc. Os frutos do Espírito são manifestações da ação do Espírito Santo na vida do cristão.
- **Dom é diferente de responsabilidade**: alguém que não evangeliza e diz que não tem o dom da evangelização está errado, pois o dever de evangelizar é de todos. Cada cristão tem responsabilidades diante de Deus e, por meio dessas responsabilidades, o evangelho se consolida e a Igreja exerce sua tarefa no mundo.

Em I Coríntios 12: 4-7, encontramos algumas definições básicas sobre dons espirituais:

- **Dom** (vers. 4): capacitação espiritual sobrenatural (um presente da parte de Deus) concedida a cada cristão para o desempenho de sua função no Corpo de Cristo.
- **Serviço** (vers. 5): situação circunstancial criada por Deus e concedida a cada um para a prática de seu dom a serviço do corpo de Cristo.
- **Realização** (vers. 6): resultado, efeito transcendental (fora nosso alcance) concedida a cada cristão no uso de seu dom espiritual.
- **Manifestação** (vers. 7): efeito mensurável, visível, do dom espiritual para um propósito definido por Deus.

O cristão ganha seu dom espiritual no ato da salvação. Somente os cristãos têm dons espirituais, pois estes são dados àqueles nos quais habita o Espírito Santo. Por intermédio dos dons, o cristão é capacitado para o serviço. Na verdade, eles são um presente de Deus para que o fiel possa exercer suas atividades na Igreja. Os dons são demonstração de amor e ação sobrenatural de Deus para com seu povo.

7.4.1 Dons espirituais conforme Romanos 12

Talvez sem estudar, as pessoas estejam praticando seus dons, mas é importante que saibam qual é o dom que detêm para que possam usá-lo de maneira mais eficiente.

Cada cristão tem apenas um dom básico (I Timóteo 4: 14; II Timóteo, 1: 6; I Pedro, 4: 10; Romanos, 12: 4; I Coríntios, 12: 14-19). Cada vez que a Bíblia se refere a uma pessoa com dom, essa palavra é escrita no singular. E cada cristão tem um dos sete dons elencados em Romanos 12.

Em Romanos 12: 3, a expressão "mais elevado do que convém" significa que o cristão não deve pensar de si mesmo nem a mais nem a menos do que convém. Seu pensamento deve ater-se à verdade, à realidade. Quanto aos dons, não há diferença de utilidade, pois Deus trata com proporções, e não com quantidades. Deus quer que sejamos inteiramente fiéis naquilo que Ele nos deu: certos dons não acarretam mais vantagens do que outros.

7.4.2 Definições dos sete dons

Os dons elencados em Romanos 12 são: profecia, ministério, ensino, exortação, contribuição, presidência e misericórdia. Analisaremos brevemente cada um deles.

- **Profecia**: é a capacitação sobrenatural de proclamar a verdade de Deus em contraste com a corrupção humana. Profeta é aquele que não pode ficar calado diante do erro. Percebe com muita facilidade o erro e combate-o. Tem os olhos abertos para a verdade. O profeta levanta-se contra toda injustiça e apresenta a verdade de Deus em contraste com as mentiras praticadas pela injustiça.
- **Ministério** (serviço): é a capacitação sobrenatural de prestar serviço, auxiliar em uma área necessitada. Uma das características de quem detém esse dom é ter os olhos abertos para as necessidades, para as lacunas. O agraciado por esse dom é o primeiro a se oferecer para ajudar, não sabe dizer não, quer ajudar em tudo e a todos.

- **Ensino**: é a capacitação sobrenatural de ensinar de maneira prática todos os aspectos da vontade de Deus. Aquele que detém esse dom ensina a Bíblia, ou seja, transmite as verdades bíblicas de forma clara e prática.
- **Exortação**: é a capacitação sobrenatural de aplicar as verdades de Deus nas diferentes situações da vida pessoal. A pessoa que detém esse dom tem a capacidade sobrenatural para aconselhar e orientar as pessoas.
- **Contribuição**: é a capacitação sobrenatural de suprir as necessidades dos irmãos em coisas materiais. Quem recebe esse dom são pessoas com habilidades financeiras e com uma dose acentuada de generosidade, são indivíduos que se preocupam com o bem-estar dos outros e têm facilidade para negócios e empreendimentos bem-sucedidos.
- **Presidência**: é a capacitação sobrenatural de coordenar os esforços de um grupo em direção a um alvo definido (administração). O detentor desse dom quer saber para onde estamos indo, gosta de visualizar o objetivo. Tem habilidades para liderança, sabe lidar com diferentes aspectos de um projeto, conduz um grupo para alcançar o êxito em planos e empreendimentos.
- **Misericórdia**: é a capacitação sobrenatural de ter empatia[2] com os irmãos em situações que envolvam sentimentos e emoções. O portador desse dom tem uma capacidade sobrenatural de sentir o que a outra pessoa está sentindo, consegue se colocar no lugar do outro e esse sentimento transforma-se em ações de ajuda e cuidado.

Nos quadros a seguir, organizamos as distinções, semelhanças e motivações dos dons aqui apresentados.

....
2   Empatia: capacidade de colocar-se no lugar do outro.

Quadro 7.1 – Distinções e semelhanças entre os dons

	Dom	Característica de quem o detém
Dons da fala	Profecia	Fala a verdade geral para os ouvintes em geral. Alcança a **multidão**.
	Ensino	Explica a verdade somente para quem quer aprender. Alcança um **grupo**.
	Exortação	Sabe a verdade geral, conhece a verdade ensinada, mas vai além: aplica-a diretamente na vida prática. Faz a pergunta: "Como vai sua vida em relação ao ensino?", por exemplo. Preocupa-se com as pessoas sob o aspecto prático. prática. Alcança **indivíduos**.
Dons de liderança	Profecia	Líder audacioso, impetuoso. Não se importa com os outros, segue em frente, e o grupo de liderados deve acompanhá-lo. Tende a impor sua liderança, mas às vezes não tem muita sabedoria para desenvolver seus projetos, principalmente no que tange ao relacionamento dentro do grupo.
	Presidência	Líder nato. Não vai sozinho, precisa do grupo para acompanhá-lo. Tem capacidade de aglutinar pessoas em torno de um projeto. As pessoas têm alegria e disposição de trabalhar com esse líder.

(continua)

(Quadro 7.1 – conclusão)

Dom		Característica de quem o detém
Dons de servir	Ministério	Age fazendo. Se alguém está com frio, vai providenciar roupa; se a pessoa estiver com fome, vai providenciar comida. Não se conforma em apenas ficar parado diante de uma situação calamitosa e não fazer nada.
	Contribuição	Age dando. Se um irmão estiver passando frio, dará alguma coisa (roupa, dinheiro etc.). Tem habilidade para o uso do dinheiro e consegue ajudar a resolver situações por meio de recursos financeiros.
	Misericórdia	Age sentindo. Se um irmão estiver passando frio, passará frio junto ou repartirá o que tem. Dá calor humano. Sua presença é uma realidade diante das situações difíceis da vida, é uma pessoa com habilidade para trabalhar em hospitais e lugares de abrigo e situações de calamidades.

Quadro 7.2 – Motivação de cada dom

Dom	Motivação
Profecia	Mostrar o pecado do homem, a penalidade do pecado e o perdão de Deus (Provérbios, 29: 18). Confrontar a injustiça.
Ministério	Servir em situações práticas (Hebreus, 6: 10). Demonstrar praticamente o amor de Cristo (II Coríntios, 9: 1; 12: 13). Edificar confirmando e exortando os irmãos (I Tessalonicenses, 3: 2; Efésios, 4: 12).

(continua)

(Quadro 7.2 - conclusão)

Dom	Motivação
Ensino	Compreender exata e completamente a verdade (Lucas, 1: 1-4; Atos, 1: 3). Comparar situações correntes com o que a Palavra diz (Atos, 17: 11). Compartilhar o que aprendeu.
Exortação	Aplicar na própria vida os princípios bíblicos (I Tessalonicenses, 2: 3-4; I Timóteo, 4: 12-13). Levar os outros a fazerem o mesmo (I Tessalonicenses, 2: 12). Corrigir os desobedientes (II Tessalonicenses, 2: 12-13).
Contribuição	Dar a Deus tudo o que é seu (II Coríntios, 9: 15; Romanos, 15: 26-27; Tiago, 2: 16). Suprir as necessidades dos irmãos (II Coríntios, 8: 13-14; Êxodo, 16: 17-18; Lucas, 3: 11). Transformar bens materiais em bênçãos espirituais (I Timóteo, 6: 17-19; Filipenses, 4: 15-19; II Coríntios, 9: 12-13).
Presidência	Trabalhar com um grupo (I Tessalonicenses, 5: 12). Dar a direção correta ao grupo. Corrigir os desvios do grupo.
Misericórdia	Demonstrar em si a graça de Deus (Hebreus, 12: 2). Dar consolo e conforto (II Coríntios, 7: 13). Dar alegria e paz (Lucas 6: 36).

7.4.3 Identificação dos dons

Os dons espirituais podem ser identificados de maneira prática. Há alguns elementos que auxiliam no processo de identificação. São eles:

- **Motivação básica**: não adianta conhecer tudo a respeito dos dons, precisamos conhecer a nós mesmos – o que mais gostamos quando praticamos nosso dom; o que faz nos sentir realizados.

- **Realização total**: no exercício de nosso dom, sentimo-nos no lugar certo. Sentimos prazer total em fazer aquilo. Alegria completa. Conseguimos fazer tudo, não por responsabilidade, mas por espontaneidade.
- **Espírito Santo**: temos consciência de que aquele poder não nos pertence – é sobrenatural.
- **Pecado**: quando estamos em pecado, percebemos que o poder espiritual não atua mais em nós. Quando estamos em pecado, não conseguimos exercer o dom.
- **Reconhecimento dos irmãos**: o grupo com o qual trabalhamos vai nos ajudar a perceber nosso dom. Para acontecer isso, precisamos estar em atividade.

7.4.4 Aplicação dos dons

Os dons espirituais só ganham concretude quando colocados a serviço da comunidade. Elaboramos um quadro com elementos para a melhor aplicação de cada um dos dons listados em Romanos 12.

Quadro 7.3 – Uso dos dons espirituais

Dom	Aplicação
Profecia	Falar segundo a proporção da fé (Romanos, 12: 6; I Pedro, 4: 11).
Ministério	Trabalhar com dedicação total e na dependência do Senhor (Romanos, 12: 7-10; I Pedro, 4: 11; Filipenses, 2: 5-8). **Perigos**: julgar os outros que não fazem como ele faz. Querer que todos sejam iguais a ele. Pensar que é mérito seu fazer tudo aquilo. Não se deve desanimar, mesmo que outras pessoas não estejam cooperando.
Ensino	Deve ensinar segundo a palavra de Deus (Romanos, 12: 7, 11; Tito, 2: 1; I Timóteo, 4: 13; II Timóteo, 3: 10. Não ser somente teórico. Deve viver aquilo que ensina.

(continua)

(Quadro 7.3 – conclusão)

Dom	Aplicação
Exortação	Deve ser praticado com respeito aos outros, em testemunho da verdade para o aperfeiçoamento (I Timóteo, 5: 1-2; Tito, 2: 2-5; I Pedro, 5: 12; Atos, 20: 2; Colossenses, 1: 28-29). Deve ajudar sem qualquer sentimento de superioridade. Aquilo que foi conversado não deve ser dito a mais ninguém, a não ser com autorização da pessoa.
Contribuição	Deve ser praticado com liberalidade, responsabilidade e humildade (Tiago, 1: 5; Romanos, 12: 8; Mateus, 5: 42; Romanos, 12: 13; Lucas, 21: 3; Mateus, 6: 2-4). Dar e contribuir de boa vontade. Não é dar o que sobra ou o que tem a mais, mas sim como um ministério. Não deve haver motivo de orgulho, pois Deus é quem nos deu primeiro.
Presidência	Deve ser praticado com zelo, prontidão e solicitude (Romanos, 12: 8, 13; I Timóteo, 3: 4,5; 4: 5-17). Tem de ser fiel ao objetivo certo e não desviar do caminho. O problema é que muitas igrejas fazem coisas que sempre foram feitas, sem metas.
Misericórdia	Deve ser usado sentindo o problema ou a alegria, sem prejudicar sua própria condição espiritual (Romanos, 12: 8, 15; II Coríntios, 1: 3-5). É preciso ir até onde a pessoa está e trazê-la de volta, sem, contudo, ficar por lá.

Ao finalizar este capítulo, esperamos ter contribuído de maneira efetiva no que diz respeito à aplicação dos dons para o crescimento da comunidade e o cuidado em relação aos irmãos.

Síntese

O ambiente de uma igreja deve ser dinâmico e atuante; cada pessoa deve desenvolver suas atividades, resultando no serviço cristão como testemunho da ação da Igreja no mundo.

Para que a dinâmica de uma igreja seja eficaz, os dons concedidos por Deus devem ser uma realidade na vida de cada cristão. Os dons, por assim dizer, devem ser a caracterização do serviço divino, os dons são graças e favores concedidos por Deus a seus fiéis. Para que a Igreja funcione a contento, cada cristão deve exercer os serviços necessários e assumir suas responsabilidades em sua igreja. A dinâmica de funcionamento de uma igreja é comparada à de um corpo: cada membro tem uma função específica, se não for assim, a eficácia fica comprometida.

Os dons são diversos, mas o serviço é o mesmo: tornar a Igreja uma realidade existencial. A Igreja não pode existir apenas de forma sobrenatural e conceitual, ela precisa constituir-se em uma realidade visível e atuante no mundo. Os dons consolidam a existência da Igreja em razão das múltiplas tarefas a eles inerentes.

As ações concernentes ao exercício dos dons permitem que a ação e a manifestação de Deus em relação a seu povo tornem-se uma realidade.

Atividades de autoavaliação

1. Como deve ser desenvolvido o ambiente de funcionamento de uma igreja?
   a) Com participação e cooperação.
   b) Com espiritualidade e abstinência.
   c) Com diálogo e interesse.
   d) Com passividade e movimentos.

2. Qual é a metáfora principal para demonstrar a Igreja?
   a) A figura da lâmpada.
   b) A figura do corpo.
   c) A figura das ovelhas.
   d) A figura do aprisco.

3. Qual a referência sobre evangelização?
   a) O Antigo Testamento.
   b) O Novo Testamento.
   c) O livro de Atos dos Apóstolos.
   d) O livro de Jeremias.

4. Por que algumas pessoas não exercem o serviço cristão?
   a) Não estão dispostas, não sabem ou não podem.
   b) Não estão prontas, não querem ou não sabem.
   c) Não foram avisadas, não sabem ou não escutam.
   d) Não escutam, não estão dispostas ou não querem.

5. Qual é a forma de proclamar a salvação?
   a) Em contraste com o pecado.
   b) De acordo com os profetas.
   c) Por meio da intuição.
   d) De acordo com o plano de evangelização.

Atividades de aprendizagem

Questões para reflexão

1. Após análise de suas atividades e de acordo com os ensinamentos sobre os dons, onde você se encaixa?
2. Você consegue identificar seu lugar de atuação em sua igreja?

Atividade aplicada: prática

Após identificar seu dom, procure atuar em sua igreja de acordo com suas aptidões ministeriais.

capítulo oito

A Igreja de Cristo é um organismo vivo

08

Neste capítulo, analisaremos a existência da Igreja como algo sobrenatural e, ao mesmo tempo, como um organismo vivo.

Uma igreja, para ser a Igreja da Bíblia e para ser a Igreja proposta por Jesus, deve ter vida e estar em constante movimento, e essa dinâmica acontece por meio do crescimento. Uma igreja é algo em construção; seu crescimento deve acontecer sempre: pessoas chegando, entrando e proclamando para que outros possam também a ela se integrar. Todo o corpo, com o auxílio de cada uma das partes, funciona em harmonia. Há, entretanto, um cabeça que supre todo o corpo, bem vinculado pelos ligamentos e juntas e com cada membro exercendo sua tarefa de forma organizada e funcional.

Uma igreja como Corpo de Cristo deve crescer (Efésios, 2: 19-22; 4: 15-16; Colossenses, 2: 19[1]). Esse crescimento acontece por meio

---

[1] Todas as passagens bíblicas indicadas neste capítulo são citações de Bíblia (2002).

das pessoas. Não é um crescimento apenas invisível e sobrenatural, mas real: a cada dia, pode-se perceber o que Deus está realizando no meio de seu povo.

Tal crescimento acontece de forma mística: milagres irão acontecer no ambiente das igrejas, as pessoas serão transformadas. As ações das igrejas também irão impactar no contexto em que elas existem: ações sociais, programas humanitários, serviços missionários e programas de desenvolvimento pessoal fazem parte da dinâmica de funcionamento de uma igreja.

8.1 O crescimento deve se evidenciar por meio do batismo e da ceia do Senhor

Deus ensina verdades invisíveis por meio de coisas visíveis (práticas). Essa é uma forma pedagógica de Ele avaliar o crescimento da Igreja. O crescimento de um grupo de pessoas deve ser acompanhado pela qualidade do povo e pelo compromisso com as verdades da palavra de Deus. Como dizem as escrituras, devemos crescer na graça e no conhecimento de nosso Senhor Jesus Cristo.

Quadro 8.1 – Duas principais formas de crescimento da Igreja

Crescimento quantitativo	Crescimento qualitativo
Negar-se a si mesmo	Tomar a cruz e seguir
Conversão	Consagração
Fazer discípulos	Ensinar discípulos
Batismo	Ceia do senhor
Individualidade	Unanimidade

8.1.1 Batismo

O batismo é a proclamação pública da fé em Jesus. Por meio do batismo, o fiel declara publicamente que tem a Jesus como Senhor e salvador de sua vida. Declarar publicamente a fé em Cristo é uma forma de reconhecer sua dependência em relação a Jesus romper com o antigo estilo de vida.

Os três batismos mencionados no Novo Testamento são: o de João, o de Jesus e o da Igreja.

Quadro 8.2 – Batismos do Novo Testamento

Batismo	Tipo	Contextualização
De João	De arrependimento (Lucas, 3: 3; 7: 29-30; 20: 4).	O reconhecimento de pecado, admitindo a situação de pecadores e, inclusive, confessando o que era vergonhoso, não produzia arrependimento, mas era para os que já estavam arrependidos.
De Jesus	De humilhação (Marcos, 10: 38-39; Mateus, 3: 13, 15).	**Na água**: no Rio Jordão, por João Batista. Jesus não tinha do que se arrepender, mas se identificou com nosso pecado. Para os judeus, significava que a pessoa ia até à água e deixava lá seu pecado, pois não entendiam o verdadeiro significado do batismo. A partir do batismo, Jesus deu início às suas atividades ministeriais. **Na cruz**: Um batismo de sangue. Humilhação total e completa.
Da Igreja	De remissão (Marcos, 16: 15 -16; Mateus.28: 19-20; Atos, 2: 38).	O batismo não dá remissão, mas é para quem já foi redimido.

O batismo na Bíblia está diretamente ligado à fé, ou seja, vinculado com o espiritual. Sempre é imediato à fé. Não há referência de que alguém tenha esperado qualquer tempo para ser batizado. Depois de crer, o carcereiro foi batizado de madrugada (Atos, 16). A mensagem da salvação era o senhorio de Cristo. Era questão de vida ou morte. Era tudo ou nada. O batismo deveria ser incluído na mensagem do evangelho. Logo depois de aceitarem a pregação, em uma prova de fé, os fiéis eram batizados. Naquela época, o cristão corria o perigo de perder a vida por causa do evangelho.

8.1.2 Ceia do Senhor

A ceia do Senhor é uma análise espiritual que o ser humano deve fazer a respeito de seu relacionamento com Deus e com o próximo. Durante a cerimônia da santa ceia, obedecemos a uma ordem de Jesus: "anunciar a morte do Senhor até que ele venha" (I Coríntios, 11: 24, 26). Depois comemoramos a vitória de Cristo na Cruz: Jesus venceu a morte, ressuscitou. Quando celebramos a santa ceia, estamos reconhecendo a obra de Cristo de forma completa.

Na cerimônia da santa ceia, ocorre, por um lado, uma tristeza pelos pecados praticados e pela morte de Jesus e, por outro, uma alegria contagiante por causa da ressurreição de Cristo. Jesus ressuscitou, tudo foi resolvido, o problema do pecado foi anulado de uma vez por todas e surgiu, então, uma nova possibilidade de vida.

Destacamos, agora, alguns aspectos da ceia do Senhor:

- **Confissão pessoal** (João, 6: 31-37): a ceia não é apenas um memorial da morte de Jesus, nem um momento em que nos penalizamos por causa de Jesus – um culto fúnebre em sua memória –, mas também a oportunidade de renovarmos o compromisso com Jesus.

- **Confissão coletiva** (João, 13: 1-11): já estamos limpos. Tornamo-nos purificados de todo pecado, toda impureza foi anulada em razão da obra de Cristo na cruz.
- **Consagração coletiva** (unânime) (I Coríntios, 11: 17-34; Mateus, 18: 23-25): estar em paz e em plena comunhão com os irmãos.

Assim, o momento da ceia é a maior demonstração da existência espiritual da Igreja, o momento sublime em que se refaz o compromisso com Cristo. Todos os fiéis se reúnem diante de Deus e declaram seu compromisso de servir a Jesus, celebrando sua vitória na cruz até que Ele venha.

8.2 A responsabilidade de promover o crescimento da Igreja implica tanto a adição quanto a multiplicação

Segundo Atos, 8: 1-9; 9: 31, não apenas os cristãos devem se multiplicar, mas também as igrejas.

É errado querer o crescimento de uma só igreja: na igreja primitiva, todo esforço estava se concentrando em Jerusalém, mas Deus permitiu a perseguição para que houvesse a dispersão e a consequente multiplicação de pequenas igrejas (Atos, 8: 1-8; 9: 31).

8.2.1 A dinâmica de crescimento da Igreja

O crescimento da Igreja envolve três processos: um processo pessoal, um processo coletivo e um processo teórico.

Processo pessoal: compartilhamento individual da fé

O fiel compartilhando sua fé com o outro, assim acontece a dinâmica da multiplicação. À medida que a fé vai sendo compartilhada e aceita, a Igreja vai crescendo, pessoas vão chegando e se integrando na realidade do corpo.

indivíduo → parente (família) → amigo → conhecido → desconhecido

Esse é o exemplo do Novo Testamento (Atos, 10: 24). Os discípulos eram, de uma forma ou de outra, quase que parentes entre si. Toda a nossa Igreja está fundamentada na família. Essa é a principal alternativa de evangelização e propagação da fé: a família natural vai se transformando na família da fé.

Processo coletivo (Atos, 2: 42-47; 5: 12-14; 1: 8): a família compartilha a fé

O sistema de expansão do núcleo comum da Igreja era a estratégia do Novo Testamento. A expansão era natural, gradativa, por meio da incorporação do mais próximo.

casa → família
vila → comunidade
cidade → sociedade
país → povo
mundo → humanidade

A dificuldade hoje é que o conceito de família está sendo deixado de lado. Esses processos dão muito mais estabilidade e firmeza para a Igreja, mais do que os processos considerados modernos.

Os meios de comunicação têm um papel importante para o crescimento da Igreja, mas não substituem o compartilhar no ambiente familiar, que é constituído por meio da confiança e da convivência.

Processo teórico: a compreensão da ordenança

Na dinâmica de crescimento da Igreja, o processo teórico abarca algumas tarefas fundamentais. São elas:

- **Anunciar**: responsabilidade de falar de Jesus, um processo em que se utilizam os meios de comunicação. Para a propagação da fé, devem ser adotados todos os recursos disponíveis, por outro lado, não se pode perder a essência da fé cristã, a apresentação pode ser diversa, mas o conteúdo deve ser preservado.
- **Testemunhar**: implica viver o evangelho. A prática dos princípios cristãos nos levam na direção do próximo. À medida que vamos aprendendo cada vez mais a andar como Jesus andou, a praticar os ensinamentos de Jesus, vamos encontrando espaços e situações perante as pessoas que nos conhecem que irão atestar que nossas palavras são de acordo com nossos atos e confirmam nossa fé.
- **Discipular**: fazer discípulos. Fazer da pessoa que aceitou a Cristo um seguidor, uma pessoa que obedece. As pessoas que se achegam à Igreja e começam a seguir a Jesus precisam de ajuda. No processo de discipulado, ajudamos as pessoas a compreenderem as escrituras. A Bíblia é composta por 66 livros, escritos em lugares diferentes e por pessoas diferentes. Esses livros apresentam conceitos e princípios ensinados por Deus que precisam ser compreendidos e ensinados para os seguidores de Jesus. Toda essa dinâmica acontece no processo de discipulado. Os mais experientes ensinam os mais novos, assim a fé cristã permanece de geração em geração.
- **Treinar**: o treinamento é para os líderes. O treinamento e a capacitação de líderes são cruciais para a o crescimento da Igreja. À medida que os líderes são treinados e capacitados, a maturidade e sabedoria vão se consolidando no ambiente de

uma igreja. Sem treinamento, os líderes serão imaturos, e a falta de maturidade atrapalha no desenvolvimento das igrejas.
- **Enviar**: é a prática daquilo para o que o líder foi treinado. Líderes treinados e capacitados serão conscientes de suas responsabilidades cristãs e estarão aptos para serem enviados. Surge a pergunta: Enviados para o quê? Para servirem à sua geração. As necessidades serão identificadas pela Igreja: os pobres precisam ser atendidos, as crianças precisam de cuidados, os que sofrem precisam de consolo, as viúvas precisam ser atendidas. A Igreja deve ouvir o clamor daqueles que choram; assim, o envio acontece, porque a Igreja ouve o sofrimento de seu povo. Deus será revelado dessa forma, por meio de palavras de consolo e de esperança, que se transformam em atos de bondade e misericórdia.

Síntese

A Igreja é um organismo vivo e, para que continue viva, precisa estar em constante movimento: a vida de uma igreja se revela e se consolida por meio de seu crescimento.

Uma igreja que não cresce precisa ser avaliada, pode ser que esteja doente e precisando de ajuda para que possa ser saudável novamente. Não se pode esquecer que o crescimento de uma igreja acontece por meio das pessoas que fazem parte dela – que compartilham sua fé com outros, os quais são impactados pelo amor de Deus e se achegam para o corpo com a disposição de servir a Deus e ao próximo.

A dinâmica do crescimento da Igreja deve levar em conta as duas principais cerimônias ensinadas por Jesus: o batismo, no qual o fiel declara publicamente sua fé em Jesus; e a santa ceia, momento sagrado orientado por Jesus para celebrar sua morte e comemorar sua ressurreição. Essa é uma ordenança do Senhor para seu povo: comemorem minha grande vitória.

A Igreja cresce por meio de um processo individual: cada um compartilha a respeito de sua fé com outros, tanto da família quanto de seu relacionamento. Também cresce por meio de um processo coletivo, pelo qual todo o corpo proclama publicamente a respeito de sua fé em Jesus, e isso acontece nos ambientes dos cultos.

Uma igreja que discipula, ensina e envia está viva e dinâmica e cumpre seu papel na Terra até que volte o Senhor Jesus.

Atividades de autoavaliação

1. Uma igreja viva se evidencia de que forma?
   a) Em constante mudança de ambiente.
   b) Em constante movimento, com pessoas chegando.
   c) Em atividades promissoras.
   d) Em constante troca de líderes.

2. Como acontece o crescimento de uma igreja?
   a) De forma prática e visível, as pessoas vão sendo abençoadas.
   b) De forma espiritual.
   c) Apenas para aqueles que fazem parte de uma igreja.
   d) Por meio de bons líderes.

3. Quais são as principais cerimônias ensinadas por Jesus?
   a) Santa ceia e batismo.
   b) Batismo e dedicação.
   c) Santa ceia e discipulado.
   d) Compromisso cristão e missões.

4. Qual é a definição do conceito de *batismo*?
   a) É a proclamação pública da fé em Jesus.
   b) É a declaração de que alguém faz parte da igreja.
   c) É ser salvo.
   d) É seguir o exemplo de João Batista.

5. Qual é o conceito de *santa ceia*?
   a) Uma análise espiritual que o ser humano deve fazer a respeito de seu relacionamento com Deus e com o próximo.
   b) Perdão e confissão de pecados.
   c) Convite para servir a Jesus e à Igreja.
   d) Dedicação para o compromisso cristão por meio de uma análise da vida.

Atividades de aprendizagem

Questões para reflexão

1. Como sua igreja pode crescer?
2. De que maneira uma igreja pode ser viva e dinâmica?

Atividades aplicadas: prática

1. Marque uma entrevista com seu pastor para vocês conversarem sobre o crescimento de sua igreja à luz dos estudos deste capítulo.

2. Após análise de suas atividades e de acordo com os ensinos sobre o crescimento das igrejas, analise a sua e veja se ela está crescendo. Compartilhe sua análise com seu grupo de convivência.

3. Converse com seu grupo de convivência sobre a realidade do crescimento de sua igreja.

capítulo nove

O contexto pastoral

09

O pastor precisa de uma igreja e uma igreja precisa de seu pastor. Há uma combinação sobrenatural a esse respeito. Da parte de Deus, ele vocaciona e capacita pessoas para exercerem as funções pastorais; e, da parte de uma igreja, ela necessita de alguém vocacionado por Deus para cuidar de seu povo.

Neste capítulo, apresentaremos os conceitos básicos das funções pastorais. Abordaremos a pastoral e o serviço, bem como as ações pastorais – atividades voltadas para o cuidado do povo no ambiente das igrejas e instrumento de influência na sociedade. O serviço pastoral tem como finalidade promover o cuidado do povo de Deus e, ao mesmo tempo, representar perante a sociedade os valores e princípios cristãos. A relação igreja-pastor e pastor-igreja consolida-se por meio do ministério e da proclamação para o mundo a respeito dos planos de Deus.

9.1 A pastoral do serviço

O pastor, como servo[1], é o protagonista do conceito de *serviço*, é por meio dele que o serviço acontece, ele é o inspirador e orientador para o que o serviço torne-se realidade em uma igreja e na vida dos servos de Deus.

> *O discípulo, à medida que conhece e ama a seu Senhor, experimenta a necessidade de compartilhar com outros a sua alegria de ser enviado, de ir ao mundo para anunciar Jesus Cristo, morto e ressuscitado [...]. A missão é inseparável do discipulado, o qual não deve ser entendido como uma etapa posterior à formação, ainda que ela seja realizada de diversas maneiras de acordo com a própria vocação e ao momento da maturidade humana e cristã em que se encontre a pessoa.* (Celam, 2007, p. 65).

Tendo essa compreensão, percebemos que o serviço deve acontecer em um ambiente pastoral. Para termos um melhor entendimento a esse respeito, serão abordados alguns tópicos do texto bíblico a respeito do bom pastor, o texto está no livro de João 10: 1-21[2]. Os ensinamentos são amplos, Jesus apresenta lições importantíssimas para a prática do serviço. Com base nessas lições, conceituaremos o pastor, o trabalho pastoral e as ações que lhes são pertinentes.

---

[1] Jesus descreve a si mesmo como o bom pastor, comparando-se aos maus pastores. O bom pastor dá a vida por suas ovelhas, os fariseus, de outra forma, não se preocupam com as ovelhas e as expulsam: o cego de nascimento foi excomungado pelas autoridades judaicas, porém Jesus, como o bom pastor, buscou-o e apresentou-lhe a salvação.

[2] Todas as passagens bíblicas indicadas neste capítulo são citações de Bíblia (2002).

9.2 A pastoral e o pastor

O pastor é pastor, não precisa provar isso em termos documentais. Também não é uma redundância dizer isso, alguém será pastor à medida que exercer o pastorado e conduzir um rebanho de tal forma que consiga construir uma ideologia bíblica e coerente com seu tempo e apresente alternativas libertadoras e esperançosas para aqueles que estiverem envolvidos em seu campo de ação.

Para ilustrar: O Leão não precisa metamorfosear-se para obter sua presa, ele a consegue na qualidade dele mesmo. Antes de partir para o ataque, ele ruge, deixando-se reconhecer; único como é, ele pode revelar sua intenção anunciando-a bem alto, de forma audível a todas as criaturas. Há aí uma obstinação que jamais se transforma em qualquer outra coisa e que, por isso mesmo, espraia um pavor ainda maior. Ele se basta a si mesmo, quer apenas a si mesmo. Sob essa forma, ele pareceu notável aos homens, absoluto e irresponsável, ele não existe em função de coisa ou de pessoa alguma. Sempre que exibiu esta forma, o exerceu sobre os homens seu maior fascínio, e, até hoje, nada é capaz de impedir-lhe a recorrência sob essa mesma forma. (Roops, 1998, p. 205)

A vocação e o ministério pastoral demonstram a autenticidade do chamado e do serviço pastoral.

Em termos conceituais, esses procedimentos teóricos constroem ou se constituem em uma articulação ideológica sensata e coerente com os princípios ensinados por Jesus.

A ação regulada por normas é uma ação realizada no seio de um grupo social cujos membros partilham valores comuns e regem sua conduta em função deles (teoria dos papéis). Nesse quadro, as normas gozam de uma validade social: são reconhecidas como legítimas por seus destinatários e são objetos de aprendizagem. Essa ação implica dois mundos que o autor é capaz de reconhecer: um mundo objetivo (as condições e os meios) e um mundo social (os valores). (Preiswerk, 1997, p. 324)

A ação dramática, introduzida por E. Goffman, faz referência às pessoas que, conforme o modelo do teatro, atuam de modo a fazer nascer no outro certas impressões e imagens delas mesmas. Sendo assim, cabe aos pastores despertarem nas pessoas o sentimento de esperança e confiança em Jesus.

A análise da ação pastoral deve ser feita com base na interação social, e esta deve ser vista como o encontro de participantes que constituem um público. Para que o serviço pastoral seja coerente, é preciso haver interação social. Não se pode interagir e construir assuntos teóricos sem reflexão grupal, tampouco pela cabeça de uma só pessoa, o contrário a isso é dominação e manipulação.

Cada um produz para o outro e lhe apresenta algo de si; busca partilhar experiências vividas, desejos e sentimentos. Em sua essência, a ação pastoral está voltada para o outro – o pastor deve entender sua função de cuidar das pessoas e essa tarefa não pode ser negligenciada.

Tendo como base a análise de Habermas: Ele retoma as três raízes da ação comunicativa e insiste tanto em sua autonomia como em suas inter-relações. Graças às contribuições de G. M. Mead e de E. Durkheim, pode-se perceber o tipo de evolução que tem permitido que essas raízes se autonomizem com o processo de racionalização da sociedade moderna. Mostra como suas origens pré-linguísticas, visíveis nos símbolos, na solidariedade social e na religião, têm se diversificado na linguagem. (Preiswerk, 1997, p. 324)

Em suma, os diferentes discursos linguísticos, em vez de servirem para o esclarecimento e a iluminação das mentes, sempre teriam servido para dominar e controlar os indivíduos, manter o poder, encobrir a verdade e deixá-la para sempre inviolável.

Depois de realizada uma boa conscientização, os sujeitos começam a participar e inteirar-se dos pontos propostos, gerando assim solidariedade e compromisso grupal, tanto no campo pessoal quanto nos aspectos ideológicos. Dessa forma vai acontecendo o trabalho pastoral.

A teologia é, ao mesmo tempo, um saber necessariamente espiritual e um saber racional. São funções permanentes e indispensáveis a toda reflexão teológica. Ambos os aspectos devem, no entanto, ser em parte recuperadas das cisões ou deformações sofridas ao longo da história. É necessário, sobretudo, conservar delas a perspectiva e o estilo de reflexão, mais que tal ou qual êxito determinado, alcançado em contexto histórico diverso do nosso (Gutierrez, 1979). Relacionando com a análise teológica: o pastor exerce uma função importante no que diz respeito à formação de opinião. Como proclamador ou profeta do evangelho, deve anunciar o conselho de Deus para uma sociedade que é totalmente influenciada por postulados não cristãos e é catalisadora de indivíduos separados de Deus.

Ao analisar a pastoral, chegamos às seguintes conclusões: 1) o pastor precisa conhecer os fundamentos das diversas ideologias que permeiam a sociedade; 2) o pastor precisa saber lidar com as ferramentas hermenêuticas de interpretação para entender, criar, fundamentar e orientar aqueles que ele influencia; 3) a ação pastoral é uma dinâmica que precisa estar bem fundamentada; 4) o pastor deve estar consciente de sua influência, o ministério pastoral não acontece em um vazio. Existe uma relação entre o pastor, a sociedade de forma geral e os indivíduos que fazem parte de sua comunidade.

Refletir a respeito da pastoral equivale a reconhecer que essa função da Igreja deve se concretizar em meio aos conflitos da sociedade, que a luta diante dos que se opõem a Cristo é inevitável. "Considerai, pois, aquele que suportou tal contradição por parte dos pecadores, para não vos deixardes fatigar pelo desânimo. Vós ainda não resististes até o sangue em vosso combate contra o pecado!" (Hebreus, 12: 3-4).

Sendo assim, a pastoral deve reconhecer sua relação com aqueles aspectos da vida humana em que há tensões, das quais, as de caráter público, social e político são de suma importância. É ao povo seguidor de Jesus, formado por aqueles que hoje integram seu movimento (e que durante anos na Igreja primitiva era conhecido como "os do caminho"), que compete entender a função pastoral. Para isso, vão contar com força e inspiração do Espírito Santo. É ao binômio "Espírito-povo" que é dada a função pastoral (Ana, 1985). Dentre o povo surgirão os pastores, inspirados e vocacionados por Deus e capacitados pelo Espírito Santo.

No caminho entre povo, igreja, sociedade, religião e sistemas de governo, surge a pessoa do pastor, o indivíduo treinado para explicar a religião, não para estar alheio aos postulados religiosos, mas para intelectualmente explicar o que deve ser vivido no dia a dia pelos praticantes de sua comunidade religiosa. Precisa-se entender que a religião exige prática, e o principal referencial desses aspectos pragmáticos é a figura pastoral ou sacerdotal da liderança. O pastor pode ser um especialista, mas, sem devoção e entendimento a respeito de suas funções pastorais, sua tarefa acaba em um vazio.

Embora as questões de distorção da fé da Igreja exijam definições de dogma e de moral, estas, uma vez estabelecidas, apresentam a possibilidade de outro tipo de deformação. As igrejas tornam-se uma grande estrutura voltada apenas para a intelectualidade que serve não para orientar a fé de especialistas ainda não educados, mas para dificultá-la. Além disso, como esse conteúdo tecnicamente explicitado da fé exige a interpretação de especialistas, mantém-se a distância entre o clero e o laicato. Existe o perigo de que uma obediência intelectual à autoridade substitua o ato mais global de fé (O'Dea, 1969).

O exercício do pastorado visa ajudar a romper com o obscurantismo religioso, cabe, portanto, àquele que exerce esse serviço esclarecer pontos não claros a respeito da fé cristã. O clero ou aqueles que exercem liderança pastoral não podem se distanciar das pessoas: no cotidiano, o cristão precisa de orientações pastorais para viver uma vida plena.

Esse modelo tem sido adaptado à figura pastoral. A comunidade em geral concebe que onde está o pastor está o saber, e estes, por sua vez, deixam-se levar por essa postura que traz consigo várias comodidades e conveniências. Isso gera não a figura do pastor piedoso, mas a figura do intelectual que sabe o que está acontecendo no mundo contemporâneo. O povo de Deus perece por não conhecer as escrituras. Assim, as tarefas pastorais devem objetivar a ajuda, o ensino e a orientação espiritual para as pessoas enfrentarem seus dilemas.

Com a intelectualidade e a busca desordenada pelo pastor especialista, o cidadão moderno se esquece dos postulados da fé, que devem ser simples, objetivos e práticos, e que têm tudo a ver com seu dia a dia. Um relacionamento apenas intelectual com respeito à religião redunda em uma superficialidade religiosa que acaba substituindo outras atividades e não tem força para concorrer com as pressões tanto da comunidade quanto da sociedade.

A fé não pode ocupar um lugar comum. Ela deve ser o fundamento principal da existência humana. Deve-se crer em Deus e acreditar que o universo não existe por acaso, que há um agente moral poderoso e capaz de influenciar e criar em um contexto que, às vezes, apresenta-se como um caos. Quando os princípios religiosos perdem a vida, entroniza-se o ser humano como divino (assumindo o lugar de Deus). Dessa forma, as ações pastorais tornam-se comprometidas e sem esperança. Nesse contexto, a figura pastoral passa a ser um gerador de esperança, a fim de apresentar aos que creem um caminho seguro, uma direção que ofereça soluções reais, duradouras e constantes. Não se deve anunciar o que não existe. É preciso estar consciente de que os postulados do reino de Deus são eternos e geradores de esperança.

> Weber indicou que, na ausência de sacerdotes profissionais, tanto na China clássica quanto no budismo antigo, desenvolveu-se "algo muito diverso de uma religião metafisicamente racionalizada". E na Antiguidade clássica não se desenvolveu nem um grupo sacerdotal com status autenticamente independente, "a racionalização da vida religiosa foi fragmentária ou não apareceu, parece que falta alguma coisa". Um interessante exemplo contemporâneo disso pode ser visto entre os mórmons americanos. Eles não têm clero profissional e a racionalização de sua crença está atrasada, apesar da existência de autênticos problemas teológicos no conteúdo da crença mórmon. Entretanto, no cristianismo primitivo, houve um clero profissional e um corpo de teologia racional.
> (O'Dea, 1969, p. 63)

Não se pode negar que a instituição e a formulação da figura pastoral no cristianismo têm cooperado para surgirem distorções no exercício dessas funções. Algumas vezes, determinados indivíduos, imbuídos de má-fé e com poder dados pela instituição, agem de modo próprio em detrimento do bem da comunidade e, em algumas situações, provocando tragédias de proporções gigantescas.

Na figura pastoral estão implícitos os conceitos de *liderança*. O que se distingue no cristianismo é que tudo gira em torno da figura do pastor. Este, por sua vez, encarna um papel quase que divino: tem resposta para tudo e procura estar envolvido em todos os aspectos da vida dos membros de sua comunidade.

E esse exercício é desenvolvido de forma individual. O exercício das ações pastorais acontece em uma instância ocasionada pela individualidade. É como a eletricidade: quando manejada apropriadamente, ela provê energia e luz; quando mal manejada, destrói (Colson, 1998).

O ministério pastoral não é um objeto, mas uma relação. E esse caráter relacional do ministério implica que as próprias lutas contra seu exercício não podem ser feitas de fora, de outro lugar, ou do exterior. Qualquer luta é sempre presente e se exerce como uma multiplicidade de relações de forças. O pastor deve estar consciente dessa realidade, seu serviço deve estar voltado para o bem-estar da comunidade, ele também deve estar consciente de que irá sofrer as mais diferentes oposições, tanto no campo social quanto no espiritual.

> Na prática, as ações pastorais devem ser voltadas para a comunidade de forma geral, e onde todos possam participar de maneira dinâmica e articulada, visando o bem comum. A pastoral de animação é a espiritualidade no combate; não pode fugir do mundo, sair da luta, mas tem de estar presente em nome de Cristo no centro dos acontecimentos. Deve se fazer presente com as opções do evangelho: pelo reino, pela justiça, pelos pobres e oprimidos, pela libertação, pelo direito dos marginalizados, pela vida e contra a morte. (Ana, 1985, p. 50)

Michel Foucault (1995, p. 237) assim conceitua a ação pastoral:

> É uma forma de agir cujo objetivo final é assegurar a salvação individual no outro mundo. 1) O poder pastoral não é apenas uma forma de que comanda; deve também estar preparado para se sacrificar pela vida e pela salvação do rebanho. Portanto, é diferente do poder real que exige um sacrifício de seus súditos para salvar o trono. 2) É uma forma de ação que não cuida apenas da comunidade como um todo, mas de cada

indivíduo em particular, durante toda a sua vida. 3) Finalmente, essa forma de ação não pode ser exercida sem o conhecimento da mente das pessoas, sem explorar a alma delas, sem lhes fazer revelar os segredos mais íntimos. Implica um saber da consciência e a capacidade de dirigi-la.

Essa conceituação de Foucault pressupõe algumas questões para aqueles que pretendem exercer ou que já exercem o ministério pastoral: o relacionamento com a comunidade deve ser sério e profundo. O trabalho é árduo, abrangente e exige muita capacitação em diversas áreas, tanto no campo da psicologia quanto no das ciências sociais e, principalmente, no da teologia bíblica. Cabe ao pastor orientar sem manipular; exercer o serviço visando ao bem comunitário; zelar pelos princípios da palavra de Deus; e desenvolver habilidades no trato com as pessoas.

Essa forma de ação é orientada para a salvação (por oposição ao político). É oblativa (por oposição ao princípio da soberania). É individualizante (por oposição ao poder jurídico). É também coextensiva à vida e constitui seu prolongamento. Está ligada à produção da verdade – a verdade do próprio indivíduo. Mas podemos dizer que tudo isso faz parte da história. A pastoral, se não desapareceu, pelo menos perdeu a parte principal de sua eficácia. De certa forma, podemos considerar o Estado como a matriz moderna da individualização ou uma nova forma do pastoral (Rabinow; Dreyfus, 1995).

No decorrer dos tempos, a figura e as funções pastorais têm sido distorcidas pelo desenvolvimento das instituições e pela profissionalização daqueles que exercem tais funções. Em outras palavras, o pastor legítimo (reconhecido pelo povo) deu lugar à instituição. E a figura pastoral, resultante da vocação cristã, deu lugar ao especialista da religião (figura resultante dos modelos estruturais religiosos, que passou pelas escolas da religião) e perdeu a paixão pela salvação e pelo serviço à comunidade.

Em relação à ação pastoral, pode-se observar uma mudança em seu objetivo. Já não se trata mais de uma questão de dirigir o povo para sua salvação no outro mundo, mas, antes, assegurá-la neste mundo.

Alguns dizem que vivemos em uma realidade que acabou com as utopias, não existe mais lugar para o sonho e a esperança do porvir. É famoso o comentário de Lord Acton:

> O poder tende a corromper, e o poder absoluto corrompe absolutamente", tornou-se um jargão após um século da concepção nietzscheniana "a vontade de potência", no despertar da "morte de Deus". Friedrich Nietzsche, o filósofo alemão do século passado, predisse este era o tempo da morte de Deus, e argumentou que, de agora em diante, as ideologias humanas, e não doutrina religiosa, preencheriam o vácuo deixado pelo esvaziamento de significado do cristianismo. (Horton, 1998, p. 11)

9.3 A abrangência do ministério pastoral

A figura pastoral tem esta finalidade: gerar e canalizar sonhos, exercer uma ação benevolente que incentive os outros a encontrarem seu espaço na sociedade e servir à sua geração da melhor maneira possível.

Qualquer pastor que deixe de proteger seu povo com os cuidados e ensinos bíblicos, que não consiga distinguir um lobo na pele de um carneiro, subestima imensamente as responsabilidades de sua posição. As destrutivas e falsas doutrinas e os erros graves de conduta dispersam o rebanho ou levam-no para uma armadilha ou e para sua destruição (Shedd, 1983).

Esse modelo traz consigo implicações diversas. O papel da Igreja e da comunidade religiosa passa a ser transferido para a estrutura política e social. Com o advento de uma série de novas instituições sociais, a Igreja, por meio de sua figura pastoral, vai se deixando fragmentar em seu nível de influência, provocando reações das mais diversas no decorrer da história religiosa.

Atualmente, o líder sindical, o líder revolucionário do movimento dos sem-terra, o gerente financeiro de determinado banco, juntamente com outras figuras da sociedade contemporânea, passam a exercer uma influência mais objetiva e mais constante na sociedade do que a figura pastoral. Também constatamos que a figura pastoral, bem trabalhada e articulada, pode promover diferença quando entende sua função em uma perspectiva bíblica, abrangente e social, tornando-se participante das diferentes classes, com uma proposta teológica contextualizada e conservando os valores das escrituras.

Isso implica que o ministério pastoral, que durante séculos – por mais de um milênio – foi associado a uma instituição religiosa definida, ampliou-se substancialmente para todo o corpo social; encontrou apoio em uma multiplicidade de instituições. E, em vez de um serviço pastoral autêntico, acabou se transformando em uma ação mutante e sem referencial das escrituras sagradas.

Maquiavel propõe um modelo de ação para o bem do outro, totalmente distinto do proposto por Jesus e pelas escrituras. "Para ele, um príncipe deve aconselhar-se sempre, mas quando ele queira, e não quando os outros desejem. Antes, deve tolher a todos os desejos de aconselhar-lhe alguma coisa sem que ele venha a pedir" (Maquiavel, 2010, p. 132). Propõe uma distorção na figura pastoral, em que o pastor não tem traços de humildade, mas exerce o papel de um manipulador perante aqueles com os quais convive. "Mas ele deve ser um grande perguntador e, depois, acerca das coisas questionadas, paciente ouvinte da verdade. No entanto, se notar que alguém, por algum motivo, não lhe diz a verdade, deve mostrar aborrecimento" (Maquiavel, 2010, p. 132). O relacionamento com seus subordinados deve ser conduzido com base em paixões e sentimentos fortes. Os outros devem estar conscientes de que ele é a figura principal, o príncipe deve se sentir bem sempre. Quando não for assim, os benefícios decorrentes do cargo ocupado não chegam até o povo.

> Há muitos que entendem que o príncipe que dá de si opinião de prudente, seja assim considerado, não pela sua natureza, mas pelos bons conselhos que o rodeiam. Contudo, estão enganados. Eis que esta é uma regra geral que nunca falha: um príncipe que não seja sábio por si mesmo não pode ser bem aconselhado, a menos que, por acaso, confiasse em um só homem e que de todo o governasse e fosse homem de extrema prudência.
>
> Essa alternativa poderia bem acontecer, mas duraria pouco, porque aquele que efetivamente aconselhasse, em pouco tempo, lhe tomaria o Estado. Mas, aconselhando-se com mais de um, o príncipe que não seja sábio não terá nunca os conselhos uniformes e não saberá por si mesmo harmonizá-los. Cada conselheiro pensará por si e ele não saberá corrigi-los nem inteirar-se do assunto. E não é possível encontrar conselheiros diferentes, porque os homens sempre serão maus se, por uma necessidade, não forem tornados bons. Consequentemente conclui-se que os bons conselhos, venham de onde vierem, devem nascer da prudência do príncipe, e não a prudência do príncipe resultar dos bons conselhos. (Maquiavel, 2010, p. 133)

Não se considera a possibilidade bíblica que diz: "Na multidão de conselhos há sabedoria" (Provérbios, 15: 2). Assim, o líder não pode expor suas limitações perante seus liderados. Se fizer isso, ele corre o risco de perder o comando.

Para concluir, é preciso considerar algumas questões. A figura pastoral é forte e exerce um poder abrangente porque conta com as estruturas religiosas em que está inserida. Cabe àqueles que exercem o serviço pastoral estarem bem fundamentados e seguirem o modelo bíblico de conduzir as pessoas para a salvação, servir à comunidade e estimular os sonhos e esperanças dos povos.

O grande desafio contemporâneo para a figura pastoral é não se deixar levar e ceder aos encantos da modernidade, que na verdade não propõem muita coisa nova, mas estimulam a repetição dos modelos tiranos que têm sido desenvolvidos no decorrer da história. A religião é um excelente palco para que indivíduos com más intenções e com sede de poder se estabeleçam sobre muitos, em nome de Deus, mas agindo para si.

Os pastores devem tomar o cuidado de evitar o abuso de poder, não devem ser "nem como senhores daqueles que vos couberam por sorte, mas, antes, como modelos do rebanho" (I Pedro, 5: 3). Muitos cristãos elevam os pastores a um alto pedestal. Alguns chegam até a adorar o homem que Deus tem usado para transformar vidas. A adulação indevida encoraja o líder a manipular os membros de uma igreja, abusando de sua autoridade. Tais pastores são como os "falsos apóstolos" que perturbavam a Igreja de Corinto (II Coríntios, 11: 13). Jesus advertiu seus discípulos quanto à tentação universal de reinar (Lucas, 22: 25). Era um mau exemplo a famosa maneira pela qual os governantes romanos intimidavam e forçavam os subordinados a submeter-se a exigências opressivas (Shedd, 1983).

Há a necessidade de referenciais como o de João Wesley (século XVIII), a quem Deus escolheu para proclamar a mensagem da Reforma na Inglaterra. Ele percebeu imediatamente que o evangelho era o poder de Deus para libertar o povo inglês, entre outros pecados, da opressão da escravidão. No poder do evangelho do Reino de Deus, ele enfrentou principados e potestades da economia, da política e da religião. E os enfrentou com a vontade divina, que não deseja que nenhum dos seus pereça, mas que todos sejam salvos e libertos do grilhão da morte. Sua obra teve grande repercussão entre o povo oprimido e empobrecido. Este é um modelo pastoral a ser seguido: interagir na sociedade, seguindo um mandado de Deus, e fazer diferença, apresentando um evangelho que seja orientador, libertador e capaz de gerar esperança.

Síntese

A essência e o fundamento das ações pastorais passam pelo serviço. Na configuração das funções pastorais, deve ser destacado o serviço a favor do povo de Deus que está no ambiente da Igreja e da sociedade.

Ser pastor é ser vocacionado por Deus, chamado para cuidar do povo de Deus. Aquele que tem a vocação sagrada sabe da seriedade de seu trabalho e deve cumprir com excelência o mandado do senhor. O ministério cristão é sobrenatural: Deus vocaciona homens e mulheres para desempenharem uma tarefa sobrenatural e, ao mesmo tempo, encarnada. O vocacionado vive em função de seu serviço e cumpre as orientações de Deus dadas por meio das sagradas escrituras para que a Igreja desempenhe seu papel perante a sociedade.

No caminho entre o povo, a igreja, a sociedade, a religião e os sistemas de governo, surge a pessoa do pastor, o indivíduo treinado para explicar a religião, não para estar alheio aos postulados religiosos, mas para intelectualmente explicar o que deve ser vivido no dia a dia pelos praticantes de sua comunidade religiosa.

O ministério pastoral não é um objeto, mas uma relação: uma relação com Deus e com o povo de Deus que deve acontecer no ambiente de uma igreja. Precisa ficar claro que as tarefas e funções pastorais devem ter como referência as sagradas escrituras.

Atividades de autoavaliação

1. Qual deve ser a principal caracterização do pastor?
   a) O pastor como servo.
   b) O pastor como líder.
   c) O pastor como orientador.
   d) O pastor como inspirador.

2. O que o Salmo 23 apresenta?
   a) O exemplo das qualidades de Deus.
   b) O pastor de ovelhas.
   c) O pensamento do pastor.
   d) O trabalho pastoral.

3. O pastor, para ser pastor, precisa:
   a) exercer o pastorado e conduzir o rebanho.
   b) ouvir a Deus e ao povo.
   c) ler a Bíblia e estar no meio do povo.
   d) ter como base seus pensamentos.

4. De que forma o serviço pastoral se torna coerente?
   a) É preciso haver interação social.
   b) Atuando com urgência.
   c) Dedicação completa.
   d) Exercendo sua missão.

5. De onde surgem os pastores?
a) Do povo.
b) Da sociedade.
c) Do serviço e da sociedade.
d) Das diversas instituições.

Atividades de aprendizagem

Questões para reflexão

1. Quais são as virtudes de um pastor?
2. Com base nos temas estudados, como o trabalho pastoral deve ser aplicado na vida das pessoas?

Atividades aplicadas: prática

1. Após estudos do capítulo, converse com um pastor experiente a respeito do ministério pastoral e tente aprender as principais lições.
2. Discuta com seu grupo a respeito dos pontos importantes sobre as atividades pastorais e chegue a conclusões.
3. Analise os conceitos sobre a pastoral estudados neste capítulo e destaque três pontos importantes.

considerações finais

A Igreja é um mistério e uma revelação abençoada por Deus. Todo aquele que acredita em Deus precisa da Igreja: é no ambiente comunitário que a fé cristã se consolida.

Para que a Igreja exerça suas finalidades com objetividade e amplitude, Deus tem vocacionado homens e mulheres para cuidar dela e de seu povo.

O pastorado cristão é uma das alternativas estabelecidas por Deus para que a Igreja agregue a seu redor pessoas cuidadas e ensinadas nos princípios cristãos.

A análise que realizamos até aqui tem o objetivo de proporcionar a você uma relação sincera e franca com a Igreja. Deus se revela por meio da Igreja: alguém disse que ela corresponde às mãos de Deus em determinada localidade.

Esperamos que os pontos aqui abordados sejam úteis para você de alguma forma. Continue amando a Jesus, praticando os princípios de Deus em sua vida e, pela inspiração e capacitação do Espírito Santo, viva no ambiente da Igreja e dê espaço para que o Senhor se revele para você no cotidiano.

referências

ALVES, R. **Protestantismo e repressão**. São Paulo: Ática, 1979.

AMORESE, R. **Icabode**: da mente de Cristo à consciência moderna. Viçosa: Ultimato, 1998.

ANA, J. de S. **Pelas trilhas do mundo**: a caminho do reino. São Paulo: Imprensa Metodista, 1985.

ANTONIAZZI, A. et al. **A presença da Igreja na cidade**. Rio de Janeiro: Vozes, 1994.

ARAGÃO, H. M. **De volta às raízes**. Curitiba: Evangélica Esperança, 1999.

ARICHEA, D. C.; NIDA, E. A. **A Translator's Handbook on the First Letter from Peter**. New York: United Bible Societies, 1980.

AZZI, R. **A cristandade colonial**: um projeto autoritário. São Paulo: Paulinas, 1987.

BACKUS, W.; CHAPIAN, M. **Fale a verdade consigo mesmo**. Belo Horizonte: Betânia, 1989.

BARBÉ, D. **A graça e o poder**. São Paulo: Paulinas, 1983.

BARBOSA, M. L. V. **América Latina**: em busca do paraíso perdido. São Paulo: Saraiva, 1995.

BARBOSA, R. **Janelas para vida**. Curitiba: Encontro, 1999.

BARTH, G. **A Primeira Epístola de Pedro**. São Leopoldo: Sinodal, 1967.

BECKEHARD, R.; HESSELBEIN, F.; GOLDSMITH, M. **O líder do futuro**. São Paulo: Berkeley Brasil, 1996.

BENKÖ, A. **Psicologia da religião**. São Paulo: Loyola, 1981.

BERGER, P. L. **O dossel sagrado**. São Paulo: Paulinas, 1985.

BÍBLIA. Português. **Bíblia de Jerusalém**. 4. ed. São Paulo: Paulus, 2002.

BIBLIOTECA ON-LINE. **Os valdenses**: da heresia para o protestantismo. Disponível em: <http://wol.jw.org/pt/wol/d/r5/lp-t/2002205>. Acesso em: 28 mar. 2017.

BLAUW, J. **A natureza missionária da Igreja**. São Paulo: Aste, 1966.

BOFF, C. **Teoria do método teológico**. 3. ed. São Paulo: Vozes. 1999.

BOFF, L. **A Igreja e o exercício do poder**. Petrópolis: Vozes, 1991.

BOFF, L. **Do lugar do pobre**. 2. ed. Petrópolis: Vozes, 1984.

BOFF, L. **Igreja**: carisma e poder. 3. ed. Petrópolis: Vozes, 1982.

BOFF, L. **Jesus Cristo, Libertador**. 10. ed. São Paulo: Vozes, 1985.

BOFF, L. **O caminhar com os oprimidos**. 3. ed. São Paulo: Vozes, 1988.

BOFF, L. **São Francisco de Assis**: ternura e vigor. 6. ed. Petrópolis: Vozes, 1996.

BOFF, L. **Teologia do cativeiro e da libertação**. 4. ed. Petrópolis: Vozes, 1985.

BOBSIN, O.; PAULY, E. L.; SCHÜNEMANN, R. (Org.). **Desafios urbanos à Igreja**. São Leopoldo: Sinodal, 1995.

BOICE, J. M. et al. **Religião de poder**. São Paulo: Cultura Cristã, 1998.

BOUDON, R. **A ideologia**. São Paulo: Ática, 1989.

BOURDIEU, P. **A economia das trocas simbólicas**. São Paulo: Perspectiva, 1987.

BRANDFORD, H. D. O que são presbíteros? **Estudos da Bíblia**, [20-?]. Disponível em: <www.estudosdabiblia.net/2003425.htm>. Acesso em: 15 mar. 2017.

BRATCHER, R. G. **A Translator's Guide to the Letters from James, Peter and Jude**. New York: United Bible Societies, 1984.

BROWN, C.; COENEN, L. **Dicionário Internacional de Teologia do Novo Testamento**. São Paulo: Vida Nova, 2000. v. 1.

BROW, D.; FAUSSET, A. R.; JAMIESON, R. **Comentario Exegetico y Explicativo de la Biblia**. El Paso: Casa Bautista de Publicaciones, 1998. v. 1.

CAMPOS, L. S.; GUTIERREZ F. B. **Na força do espírito**. São Paulo: Associação Literária Pendão Real, 1996.

CANETTI, E. **Massa e poder**. São Paulo: Companhia das Letras, 1995.

CANNAC, Y. **O justo poder**. Rio de Janeiro: Instituto Liberal, 1989.

CARSON, D. A.; Moo, D. J.; LEON, M. **Introdução ao novo testamento**. São Paulo: Vida Nova, 1997.

CARRIKER, T. **Missão integral**: uma teologia bíblica. São Paulo: Sepal, 1992.

CAVALCANTI, R. **A utopia possível**. 2. ed. Viçosa: Ultimato, 1997.

CELAM – Conselho Episcopal Latino-Americano. **Documento de Aparecida**. São Paulo: Paulinas; Paulus, 2007.

CHAMPLIN, R. N. **O novo testamento interpretado**. São Paulo: Candeia, 2002.

CHAZEL, F. **Tratado de sociologia**. Rio de Janeiro: J. Zahar, 1996.

COLEMAN, W. L. **Manual dos tempos e costumes bíblicos**. Belo Horizonte: Betânia, 1991.

COLSON, C. W. **A ilusão do poder**. Tradução de Wadislau M. Gomes. São Paulo: Cultura Cristã, 1998.

COMBLIN. J. et al. **A missão a partir da América Latina**. São Paulo: Paulinas, 1983.

COSTA, O. E. **El protestantismo en America Latina hoy**: ensayos del camino. Pasadena: Publicaciones INDEF, 1975.

CUTLER, A. et al. **O capital de Marx e o capitalismo de hoje**. Rio de Janeiro: J. Zahar, 1981.

DUSSEL, E. D. **Caminhos de libertação latino-americana**. São Paulo: Paulinas, 1984.

ESCOBAR, S. **Desafios da Igreja na América Latina**. Viçosa: Ultimato, 1997.

FENANDEZ, J. C.(Org.). **A presença da Igreja na cidade**. Petrópolis: Vozes, 1997.

FOUCAULT, M. O sujeito e o poder. In: DREYFUS, H.; RABINOW, P. **Michel Foucault**: uma trajetória filosófica – para além do estruturalismo e da hermenêutica. Rio de Janeiro: Forense Universitária, 1995. p. 231-249.

FORD, L. **Jesus**: o maior revolucionário. Tradução de Suely de Carvalho. 2. ed. Niterói: Vinde Comunicações, 1984.

FOSTER, R. J. **Celebração da disciplina**: o caminho do crescimento espiritual. São Paulo: Vida, 1983.

FOSTER, R. J. **Dinheiro, sexo e poder**. Miami: Betânia, 1989.

FREITAG, B.; ROUANET, S. P. **Jurgen Habernas**. São Paulo: Ática, 1980.

GALEANO, E. **As veias abertas da América Latina**. 21. ed. Rio de Janeiro: Paz e Terra, 1985.

GNILKA, J. **Jesus de Nazaré**: mensagem e história. Petrópolis: Vozes, 2000.

GONDIM, R. **Fim de milênio**: os perigos e desafios da pós-modernidade na Igreja. São Paulo: Candeia, 2002.

GOUVEA, R. Q. **A morte e a morte da modernidade**: quão pós-moderno é o pós-modernismo? 1996. Disponível em: <http://www.mackenzie.br/fileadmin/Mantenedora/CPAJ/revista/VOLUME_I_1996_2/a_morte....pdf>. Acesso em: 28 mar. 2017.

GUTIERREZ, G. **Teologia da libertação**. 3. ed. Petrópolis: Vozes, 1979.

HABERMAS, J. **Teoria de La Accion Comunicativa**: Racionalidade de La Accion y Racionalização Social. Madrid: Taurus, 1987.

HAGGAI, J. **Seja um líder de verdade**. Belo Horizonte: Betânia, 1986.

HOBSBAWM, E. **Era dos extremos**. São Paulo: Companhia das Letras, 1995.

HOLMER, U. **Comentário Esperança, Primeira Carta De Pedro; 1 Pedro**. Curitiba: Evangélica Esperança, 2008.

HORTON, M. **Religião do poder**. Tradução de Wadislau Martins Gomes. Cambuci: Cultura Cristã, 1998.

HUNT, D. **Escapando da sedução**. Porto Alegre: Chamada da Meia-noite, 1994.

HUNT, D.; MACMAHON, T. A. **A sedução do cristianismo**. Porto Alegre: Chamada da Meia-noite, 1995.

KAPLAN, A.; LASSWELL, H. D. **Poder e sociedade**. Brasília: Ed. da Universidade de Brasília, 1979.

KASCHEL, W.; ZIMMER, R. **Dicionário da bíblia de Almeida**. Barueri: Sociedade Bíblica do Brasil, 2005.

KATCHATUROV, K. A. **A expansão Ideológica dos EUA na América Latina**. Rio de Janeiro: Civilização Brasileira, 1980.

LÉON-DUFOUR, X. **Leitura do evangelho segundo João**. São Paulo: Loyola, 1998. v. 4.

LÉON-DUFOUR, X. **Vocabulário de teologia bíblica**. 6. ed. Petrópolis: Vozes, 1999.

MACDONALD, G. **Segredos do coração do homem**. Belo Horizonte: Betânia, 1999.

MACKAY, J. A. **El outro Cristo español**. México/Argentina/Guatemala: Casa Unida de Publicaciones/La Aurora/Ediciones Semilla, 1991.

McGRATH, A. E. Um caminho melhor: o sacerdócio de todo crente. São Paulo: Shedd Publicações, 1998.

MAIRA, L. et al. **América Latina, novas estratégias de dominação**. São Paulo: Vozes, 1980.

MAQUIAVEL, N. **O príncipe**. Joinville: Clube de Autores, 2010.

MASI, D. **A sociedade pós-industrial**. São Paulo: Senac, 2000.

MENDIETA, L. e N. **Sociologia de poder**. México: Universidade Autônoma de México Cidade Universitária, 1976.

MUELLER, E. R. **I Pedro**: introdução e comentário. São Paulo: Vida Nova, 1988.

NETTO, J. L. S. de. **Razão, religião e estrutura de poder**. Curitiba: Juruá, 1999.

NOGUEIRA, A. **Poder e humanismo**. Porto Alegre: Sérgio Antônio Fabris Editor, 1989.

NÚÑEZ, L. M. **Sociología del poder**. 2. ed. México: Instituto de Invetigaciones Sociales, 1976.

O'DEA, T. F. **Sociologia da religião**. São Paulo: Enio Matheus Guazzelli, 1969.

OPUS DEI. **Por que Jesus foi condenado à morte?** Disponível em: <http://opusdei.org.br/pt-br/article/por-que-jesus-foi-condena do-a-morte/>. Acesso em: 28 mar. 2017.

PACKER, J. I.; TENNEY, M. C, WHITE JUNIOR, W.. **O mundo do novo testamento**. São Paulo: Vida, 1988.

PADILHA, R. **Missão integral**. São Paulo: Temática Publicações, 1992.

PAUPÉRIO, A. M. **Teoria democrática da soberania**. 3. ed. Rio de Janeiro: Forense Universitária, 1997.

PIERICCI, A. F. **Religião**. 2000. Disponível em: <http://www1.folha.uol. com.br/fsp/mais/fs3112200019.htm>. Acesso em: 28 mar. 2017.

PINTO, C. de C. **A cidade é a minha paróquia**. São Paulo: Editeo, 1996.

POKROVSKI, V. S. História das ideologias. In: POKROVSKI, V. S. **As ideologias contemporâneas**. Lisboa: Editorial Estampa, 1972.

PREISWERK, M. **Educação popular e teologia da libertação**. Petrópolis: Vozes, 1997.

RECTOR, M.; NEIVA, E. **Comunicação na era pós-moderna**. São Paulo: Vozes, 1997.

REDDIN, O P. **Confronto de poderes**. São Paulo: Vida, 1996.

ROGERS, J. D. **Ideologia e conhecimento da realidade sócio-econômica-política**. São Paulo: Ática, 1989.

ROMÃO. J. E. **Poder local e educação**. São Paulo: Cortez, 1992.

ROOPS, D. **A vida diária nos dias de Jesus**. São Paulo: Vida Nova, 1998.

ROSA, M. I. **Trabalhos, subjetividade e poder**. São Paulo: EDUSP, 1994.

SCHNEIDER-HARPPRECH, C. **Teologia prática no contexto da América Latina**. São Leopoldo: Sinodal/Aste, 1998.

SEGUNDO, J. L. O homem de hoje diante de Jesus de Nazaré. In: SEGUNDO, J. L. **Fé e ideologia**. São Paulo: Paulinas, 1985.

SHARP, G. **Poder luta e defesa**. São Paulo: Paulinas, 1983.

SHEDD, R. **Seguindo os passos de Jesus**. São Paulo: Vida Nova, 1983.

SOTELO, I. **Sociologia da América Latina**. Rio de Janeiro: Pallas, 1975.

SPENCE, H. D. M; EXXEL, J. S. (Ed.). **The Pulpit Commentary**. New York: Funk & Wagnalls, [189?]. v. 22.

STEUERNAGEL, V. R. **A missão da Igreja**. Belo Horizonte: Missão Editora, 1994.

STEUERNAGEL, V. R. **E o verbo habitou entre nós**. Curitiba: Encontrão,1996.

STEUERNAGEL, V. R. **E o verbo se fez carne**. Curitiba: Encontrão, 1995.

STEUERNAGEL, V. R. **No princípio era o verbo**. Curitiba: Encontrão, 1986.

STEUERNAGEL, V. R. **Obediência missionária e histórica**. São Paulo: ABU, 1993.

STOTT, J. R. W. **A felicidade segundo Jesus**. São Paulo: Vida Nova, 1998.

STOTT, J. R. W. **Evangelização e responsabilidade social**. São Paulo: ABU, 1985.

STOTT, J. R. W. **O cristão em uma sociedade não cristã**. Tradução de Sileda Steuernagel. Niterói: Vinde Comunicações, 1989.

SWINDOLL, C. **Firme e seus valores**. Tradução de Myrian Talitha Lins. Belo Horizonte: Betânia, 1985.

THOMPSON, J. B. **Ideologia e cultura moderna**: teoria social crítica na era dos meios de comunicação de massa. Petrópolis: Vozes, 1995.

TOFFLER, A. **Powershift**: as mudanças do poder. 4. ed. Rio de Janeiro: Record, 1995.

TOFFLER, A.; TOFFLER, H. **Guerra e anti-guerra**: sobrevivência na aurora do terceiro milênio. 2. ed. Rio de Janeiro: Record, 1994.

YMCA – Federação Brasileira das Associações Cristãs de Moços. Disponível em: <http://www.ymca.org.br/>. Acesso em: 28 mar. 2017.

bibliografia comentada

BARBOSA, R. **Janelas para vida**. Curitiba: Encontro, 1999.

Nesse livro, Ricardo Barbosa analisa o cotidiano do cristão no ambiente de uma igreja e suas implicações no serviço a Deus. A Igreja demonstra o interior do ser humano. É em uma igreja que nossas fraquezas são identificadas e é nela que podemos encontrar ajuda para nossas necessidades físicas, emocionais e espirituais.

BOFF, L. **Igreja**: carisma e poder. 3. ed. Petrópolis: Vozes, 1982.

Nesse livro, Leonardo Boff expõe de forma prática, teológica e objetiva os conceitos básicos sobre a formação da Igreja, suas origens e finalidades. É uma leitura obrigatória para aqueles que pensam sobre a Igreja na América Latina, bem como para os que praticam o serviço cristão no ambiente de uma igreja.

COLEMAN, W. L. **Manual dos tempos e costumes bíblicos.** Belo Horizonte: Betânia, 1991.

Esse livro ajuda a entender o contexto do Novo Testamento, quando a Igreja de Cristo deu seus primeiros passos. Ele consiste em um estudo e em uma apresentação da cultura, dos valores e dos princípios cristãos nos tempos de Jesus.

Respostas

Capítulo 1
Atividades de autoavaliação
1. a
2. c
3. a
4. a
5. b

Capítulo 2
Atividades de autoavaliação
1. b
2. a
3. c
4. a
5. a

Capítulo 3
Atividades de autoavaliação
1. a
2. a
3. a
4. a
5. a

Capítulo 4
Atividades de autoavaliação
1. c
2. c
3. b
4. a
5. a

Capítulo 5
Atividades de autoavaliação
1. c
2. a
3. a
4. a
5. b

Capítulo 6
Atividades de autoavaliação
1. b
2. a
3. a
4. a
5. b

Capítulo 7
Atividades de autoavaliação
1. a
2. b
3. c
4. a
5. a

Capítulo 8
Atividades de autoavaliação
1. b
2. a
3. a
4. a
5. a

Capítulo 9
Atividades de autoavaliação
1. a
2. a
3. a
4. a
5. a

sobre o autor

Cícero Manoel Bezerra é doutor em Teologia e Sociedade pela Pontifícia Universidade Católica do Rio de Janeiro (PUC-Rio), mestre em Teologia Pastoral pela PUCPR e bacharel em Teologia pela Fatebe. Tem pós-graduação em Gestão de Pessoas pela Faculdade Teológica Sul Americana (FTSA), em Londrina, MBA em Ciência Política: Relação Institucional e Governamental pelo Centro Universitário Educacional Uninter e MBA em Gestão de Cidades Inteligentes.

É coordenador do curso de Bacharelado em Teologia do Centro Universitário Internacional Uninter, de cursos de pós-graduação nessa mesma instituição e do curso de bacharelado em Teologia (presencial) na Faculdade Teologia Betânia (Fatebe).

Atua como professor há mais de 30 anos e trabalha com treinamento de líderes e mobilização de lideranças estratégicas para desenvolvimento comunitário, sendo também autor de 43 livros. Tem participação em atividades comunitárias na cidade de Curitiba através da mobilização de líderes cristãos, participa da organização do movimento "Marcha para Jesus" na cidade de Curitiba, que conta com aproximadamente 200 mil pessoas. Tem experiência internacional, viajou para mais de 40 países para apresentação de palestras e ações estratégicas de mobilização.

Atua ainda na produção de material didático e coordenação de autores para produção de livros e coordena a produção e a gravação de aulas e a gestão de professores em suas tarefas, tendo vasta experiência em gestão educacional presencial e EaD. Faz parte da Confederação Brasileira de Pastores e da Aliança Cristã Evangélica Brasileira. Exerceu a função de diretor do centro de treinamento missionário Betânia, na cidade de Camaquã, Rio Grande do Sul, e de diretor e coordenador do Seminário Betânia, na cidade de Altônia, Paraná, por mais de dez anos. Foi eleito representante dos coordenadores de curso de graduação com o mandato de um ano, sendo reeleito para mais um mandato, no Centro Universitário Internacional Uninter. Tem experiência de mais de dez anos em articulação política e mobilização para campanhas eleitorais.

É avaliador do Ministério da Educação (MEC), conselheiro suplente para o Conselho Estadual de Educação do Estado do Paraná e avaliador da *Revista Brasileira de História das Religiões*.

Atualmente cursa pós-doutorado na PUC-Rio, com pesquisa sobre a pós-verdade.

Impressão:
Agosto/2023